ॐ

संस्कृत संधि हैंडबुक

हमारी लोकप्रिय पाठ्यपुस्तक Sanskrit Sandhi Handbook का हिन्दी संस्करण

Sadhvi Hemswaroopa

जय गुरुदेव

© 2022, Author

ISBN13: 978-93-92201-05-9 Paperback Edition
ISBN13: 978-93-92201-13-4 Hardbound Edition
ISBN13: 978-93-92201-21-9 Digital Edition
Hindi Edition (हिंदी संस्करण)

This work is licensed under a Creative Commons Attribution 4.0 International License. Please visit
https://creativecommons.org/licenses/by/4.0/

Title: **Sanskrit Sandhi Handbook** (संस्कृत संधि हैंडबुक)
Author: **Sadhvi Hemswaroopa** (साध्वी हेमस्वरूपा)

Printed and Published by
Devotees of Sri Sri Ravi Shankar Ashram
34 Sunny Enclave, Devigarh Road,
Patiala 147001, Punjab, India

https://advaita56.weebly.com/
The Art of Living Centre

https://www.artofliving.org/

23rd January 2022 Netaji Subhas Chandra Bose Jayanti, Amrita Siddhi
Krishna Paksha Pancami, Uttarayana, Uttara Phalguni Nakshatra
Vikram Samvat 2078 Ananda, Saka Era 1943 Plava

1st Edition January 2022

जय गुरुदेव

समर्पण

Gurudev Sri Sri Ravi Shankar

In Sanskrit, अः is used for wonder and for laughter.
You cannot laugh without अ and ह in it, even if you try!

An offering at His Lotus feet

Specially Dedicated to
Ashwini's fond Mother कैलाशो Kavita Paul Aggarwal née Kailash Jain

उन्होंने आज ही के दिन हंसमुख अंदाज़ में पूछा – "तू क्या कोई नई किताब लिख रहा है? अति उत्तम ! अच्छा कार्य करते रहो !"

Ambernath. 25th Jan 1972. Tak Machinery Officer's Quarters.

अभिस्वीकृति

Swamini Brahmaprakasananda, AVG Nagpur, जिनकी उत्कृष्ट व्याकरण कक्षाएं, तीन साल के वेदान्त पाठ्यक्रम के मध्य ।

Shruti Sapre जो शनिवार को नागपुर से आकर, व्याकरण पाठ दोहराती तथा समीक्षा करती ।

Jagjit Singh व Dr. Manoj Gupta जो लुधियाना से भेंट के लिये आये तथा हमारे मनोबल को बढ़ाया ।

यह पुस्तक हमारी लोकप्रिय अंग्रेज़ी किताब Sanskrit Sandhi Handbook by Ashwini Kumar Aggarwal ISBN 9789353911669 का हिंदी संस्करण है ।

Preface प्रस्तावना

संस्कृत में आश्चर्यजनक क्षमता है की दो निकटवर्ती शब्दों के मेल से, वाणी, उच्चारण, जाप या पाठ, अति सुलभ हो जाता है तथा कानों को मधुरता प्रदान करता है ।

इसी प्रक्रिया को, दो निकटवर्ती वर्णों के मेल से परिवर्तन होने को ही संधि कहते हैं ।

अंग्रेजी में भी सहज प्रवाहमय में बोलने से संधि होती है, किंतु यह परिवर्तन लिखा नहीं जाता है । अंग्रेजी में तो बोला गया शब्द तथा लिखित शब्द, वर्णमाला के उच्चारण से मेल नहीं खाता है । जबकि संस्कृत में जो उच्चारण में वही लिखित में, यह अनिवार्य है ।

यह विशेष रूप से सिद्धवस्तु लिखित है ताकी संधि प्रक्रिया का अच्छे अभ्यास से अक्षरदोष न हो ।

नमस्ते = नमः + ते ।
यह आम अभिवादन तो दो शब्दों की संधि है!

उच्च विद्यार्थी के लिये यह पुस्तक महत्वपूर्ण सिद्ध होगी, चूंकि हर संधि का पाणिनि की अष्टाध्यायी से सूत्र दर्शाया गया है ।

Blessing आशीर्वाद गुरुमुख से

सत्य - व्यंजन व स्वर के मध्य की गाथा है । संस्कृत, सबसे पुरानी भाषा, डार्विन के विकासवाद के सिद्धांत को दर्शाती है । संस्कृत का प्रथम अक्षर "अकार" है जो हर शिशु बोलता है । अंतिम स्वर अक्षर "अः" है । देखिये, जब हम हंसते हैं तो ध्वनि सुनाई पड़ती है - अ अः हा हा! (अहो हा हा - संधि द्वारा)।

सो हंसी-खुशी में संपूर्ण भाषा आ जाती है, "अ" से "अः" ।

इंग्लैंड में कुछ शोध की गई, वैज्ञानिकों ने पाया कि संस्कृत भाषा "neuro-linguistic" कार्यों के लिये काफी उपयुक्त है । करीब दस वर्ष तक वैज्ञानिक यह समझने की कोशिश करते रहे – संस्कृत आधार वाले लोग गणित और संख्यान में कैसे इतने चोखे हें? क्या आप जानते हैं करीब 60% अंग्रेजी भाषा संस्कृत पर आधारित है? अंग्रेजी शब्दों के कई धातु संस्कृत में मूलतः हैं । स्वसा = sister, भ्राता = brother, पिता = father और Māta = Mother. यदि आप इस प्रकार के समानांतर करेंगे, आप देखेंगे कि अंग्रेजी का मूल संस्कृत भाषा ही है ।

H H Sri Sri Ravi Shankar
Guru Poornima week, American Ashram
July 26, 2013, Boone, North Carolina

Table of Contents

PREFACE प्रस्तावना V

BLESSING आशीर्वाद गुरुमुख से VI

मंगलाचरण XII

परिचय 1

साधारण संधि शब्द 2

संधि को समझने की मूल बातें 3

गुण करना - धातुगण 1c शप् , 10c णिच् 3

स्थानी , आदेशः , आगमः , निमित्तः , आनुपूर्वी 4

पदान्त , अपदान्त का विचार 5

संधि वर्गीकृत 5

संधि लगाने का गणितीय क्रमश 6

स्वर संधि कोष्ठक 7

संयुक्त अक्षर का मेल संधि नहीं 8

स्वर संधि 9

01 सवर्ण दीर्घ संधि = अक् + सवर्ण अक् → दोनों का दीर्घ स्वर से परिस्थापन 11

01a सवर्ण दीर्घ का अपवाद = पररूप संधि = अपदान्त अकार + गुण अक्षर → दोनों का पर अक्षर से परिस्थापन = गुण अक्षर 12

01b सवर्ण दीर्घ / यण् का अपवाद = पूर्वरूप संधि = अक् + अम् प्रत्यय → दोनों का पूर्व अक्षर से परिस्थापन = अक् 12

02 गुण संधि = अवर्ण+इक् → दोनों का गुण अक्षर से परिस्थापन 13

02a गुण संधि का विस्तार = उरण् रपरः 14

03 वृद्धि संधि = अवर्ण+एच् → दोनों का वृद्धि अक्षर से परिस्थापन 15

03a वृद्धि संधि का विस्तार = एत्येधत्यूठ्सु 15

03b वृद्धि संधि अपवाद = पररूप संधि = अपदान्त अ+गुण अक्षर → गुण अक्षर 16

03c पररूप संधि का विस्तार 16

04 यण् संधि = इक् + भिन्न स्वर → यण् + भिन्न स्वर 17

05 अयाव् संधि = एच् + अच् → एच् परिस्थापित अय्/अव् से + पर स्वर ... 18

06 पूर्वरूप संधि (पदान्त एच्+अ → एच्, अ का लोप ऽ) 19

07 अयाव् संधि का विस्तार (अयाव् के उपरांत य् लोप) 20

07a अयाव् संधि का विस्तार = वान्तो यि प्रत्यये 20

स्वर संधि के अपवाद 21

08 पररूप संधि (अपदान्त अ + गुण अक्षर → गुण अक्षर) 21

09 आट् आगम की वृद्धि प्रतिस्थापन 22

10 इयङ् उवङ् आदेश = इवर्ण + स्वर → इय् +स्वर, उवर्ण + स्वर → उव् + स्वर 23

व्यंजन संधि 24

11 णत्वम् संधि न् → ण् 24

11a णत्वम् संधि विस्तार न् → ण् 25

12 श्रुत्वम् संधि (स्+श्/चु → श्+श्/चु) (तु+श्/चु → चु+श्/चु) 26

13 श्रुत्वम् का अपवाद = श् + तु 28

14 ष्टुत्वम् संधि = स् + ष्/टु → ष्, तु + ष्/टु → टु 29

15 ष्टुत्वम् का अपवाद = पदान्त टु + स्, पदान्त टु + तु संधि नहीं 30

15a ष्टुत्वम् का अपवाद = तु + ष् कोई संधि नहीं 30

16 जश्त्वम् संधि = पदान्त झल् → जश् 31

17 जश्त्वम् संधि का अगला प्रकार (झल् + झश् → जश् + झश्) 33

17a जश्त्वम् का अपवाद = हो ढः 34

18 चर्त्वम् संधि (झल् + खर् → चर् + खर्) 35

19 चर्त्वम् जश्त्वम् वैकल्पिक (झल् → चर् / जश्) 36

20 कुत्वम् संधि = चु → कु 37

viii

21 छत्वम् संधि श् → छ् वैकल्पिक	37
22 षत्वम् संधि = स् → ष्	39
23 षत्वम् संधि विस्तार = स् → ष्	40
23a षत्वम् संधि विस्तार = स् → ष्	40
23b षत्वम् संधि विस्तार = स् → ष्	41
24 च् का मध्य में बैठना संधि = ह्रस्व स्वर + छ् → ह्रस्व + च् + छ्	41
24a च् का बैठना संधि विस्तार	42
24b च् का बैठना संधि विस्तार	42
25 रुत्व संधि = पदान्त स् → रँ	42
25a रुत्व संधि विस्तार = पदान्त स् → रँ → उ	43
25b रुत्व संधि विस्तार = पदान्त स् → रँ → उ	44
25c रुत्व संधि विस्तार = पदान्त स् → रँ → य्	44
25d रुत्व संधि विस्तार = पदान्त स् → रँ → य् → लोप	45
25e रुत्व संधि विस्तार = पदान्त स् → रँ → य् → लोप वैकल्पिक	45
26 सुँ लोप संधि	46
27 ध् अक्षर का द्वित्व संधि = अनचि च	47
28 यर् अक्षर का द्वित्व संधि = अचो रहाभ्यां द्वे = वैकल्पिक	48
29 पूर्व यम् अक्षर लोप संधि = हलो यमां यमि लोपः = वैकल्पिक	49
30 पदान्त संयुक्त लोप संधि = संयोगान्तस्य लोपः	49
31 सवर्ण झर् लोप संधि = झरो झरि सवर्णे = वैकल्पिक	50
32 अनुनासिकत्वम् संधि = यर् अक्षर → ञम् अक्षर	51
33 लत्व संधि तोर्लि = तु+ ल्	52
34 विस्तार सवर्ण झय् + ह् → झय् + घ् = वैकल्पिक	53
35 पदान्त झय् + श् + अट् → झय् + छ् + अट् = वैकल्पिक छत्वम्	54
36 विशिष्ट संधि, स् → थ्	55
36a विशिष्ट संधि, त् / थ् → ध्	55
36b विशिष्ट षत्व संधि	56
36c विशिष्ट धत्व संधि	57

36d विशिष्ट घत्व संधि	57

विसर्ग संधि 58

37 से 49 विसर्ग संधि नियम	59
विसर्ग संधि सारांश	66

अनुस्वार संधि 70

50 अनुस्वार संधि = पदान्त म् + हल् → अनुस्वार की उपस्थिति	70
51 अनुस्वार संधि अपवाद = पदान्त म्+ह् → न्+ह्	70
51a एक और अपवाद, पदान्त न्+स् → न् + ध् + स्	70
51b एक और अपवाद, पदान्त न् + श् → न्+त्+श्	71
52 अपदान्त अनुस्वार संधि	71
53 परसवर्ण अनुस्वारः संधि = अनुस्वार + यय् → परसवर्ण अनुनासिक + यय्	72
54 अनुस्वार संधि विस्तार, परसवर्ण वैकल्पिक	74

आनुनासिका संधि – चन्द्रबिंदु 75

55 आनुनासिका म् संधि - चन्द्रबिंदु	75
56 आनुनासिका न् संधि	75
56a आनुनासिका न् संधि = पदान्त न्+छव्+अम् → ँ: +छव्+अम्	76

भ्रान्तिपूर्ण संधि – नकार को बिठाना 77

57 ङमुट् संधि = ङ् , ण् , न् का द्वित्व	78
58 आदेश संधि, षकार-आदि धातु , ष् → स्	79

संधि का निषेद 80

59 प्रकृतिभाव स्थिति = अच् + अच् → संधि निषेद = प्रगृह्यम् या प्लुत	80

वेदिक संधि = स्वरों का शुद्ध उच्चारण 81

वेदिक स्वर = अनुदात्त उदात्त स्वरित ध्वनि	82
अकार स्वर योग किसी व्यंजन के उच्चारण के लिये	83

  ॐ का उच्चारण 83

  ऋग्वेद उच्चारण 84

  कृष्ण यजुर्वेद उच्चारण 85

  शुक्ल यजुर्वेद उच्चारण 87

  अयोगवाह ध्वनि 89

  यम ध्वनि 89

  स्वरभक्ति ध्वनि 90

  नासिक्य ध्वनि 91

  अवग्रह = ध्वनि का लोप 91

अव्यय आङ् निपात उपसर्ग 92

अष्टाध्यायी सूत्रपाठ 8.2.1 से आखिर तक = त्रिपादी 93

संधि संबंधित अष्टाध्यायी सूत्रपाठ 94

माहेश्वर सूत्र 99

  माहेश्वर सूत्र स्पष्टीकरण 100

संस्कृत वर्णमाला 104

  वर्णमाला साधारणतः लिखित 105

संस्कृत अक्षरों का सही उच्चारण 106

उच्चारण स्थान तथा प्रयत्न 107

मुख तथा जिह्वा स्थिति – तदनुसार अक्षर 110

पाणिनीय शिक्षा – उच्चारण विज्ञान 113

LATIN TRANSLITERATION CHART 116

ग्रन्थसूची 117

भरतवाक्य 118

मंगलाचरण

शिक्षा में हम मंगलाचरण से शुरुआत करते हैं। यह हमारी पढ़ाई मे मददगार सिद्ध होता है।

येनाक्षर–समाम्नायम् अधिगम्य महेश्वरात् ।
कृत्स्नंव्याकरणं प्रोक्तं तस्मै पाणिनये नमः ॥

जिनके द्वारा भगवान शिव को साक्षात्कर अक्षरों का समावेश किया गया, जिन्होंने व्याकरण को समझाने की पूर्ण रूप से व्यारव्या की , उन महर्षि पाणिनि को मेरा कोटि कोटि प्रणाम ।

वाक्यकारं वररुचिं भाष्यकारं पतञ्जलिम् ।
पाणिनिं सूत्रकारञ्च प्रणतोऽस्मि मुनित्रयम् ॥

वार्तिक लिखने वाले वररुचि कात्यायन, महाभाष्यकार पतंजलि, तथा मूल सूत्रों के रचयिता पाणिनि, इन तीनो ऋषियों को मेरा हृदय से आभार तथा दिल से प्रशंसा ।

परिचय

संधि (सम् + धि) शब्द का अर्थ है 'योग अथवा मेल'। दो निकटवर्ती वर्णों के परस्पर मेल से जो परिवर्तन होता है उसे संधि कहते हैं। कई बार इस नये शब्द को अलग ही लिखा जाता है बिना जोड़े, किंतु वर्तनी में कुछ परिवर्तन जरूर हो जाता है।

याद रहे की हिंदी में जो बोला जाता है वही लिखा जाता है, स्वाभाविक सरलता से बोलने को ही संधि कहते हैं।

1.4.109 परः सन्निकर्षः संहिता। अष्टाध्यायी में वर्णों की अत्यन्त समीपता को संहिता या संधि कहा गया है। संधि = उपसर्ग सम् + धा धातु।

विशेष रूप से इसका मतलब है दो निकटवर्ती वर्ण
- जो एक ही शब्द के भीतर हों, या
- पहले शब्द का अन्तिम अक्षर तथा दूसरे शब्द का आदि अक्षर

उदाहरण (उदा०)

संहिता = सम् + हिता। संधि के कारण <u>मकार</u> का <u>अनुस्वार</u> में परिवर्तन हुआ है शब्द के भीतर।

नमः ते = नमस्ते। संधि के कारण <u>विसर्ग</u> का <u>सकार</u> में परिवर्तन हुआ है तथा इन दो शब्दों को जोड़ कर नया शब्द बना है।

शव आसन = शवासन। योग में हम निश्चिंत लेटने को शवासन के नाम से जानते हैं, यह दो शब्दों की संधि है।

अष्टाध्यायी में संधि पर एक अधिकार सूत्र है।

6.1.72 संहितायाम्। संहिता के विषय में होने वाले कार्यों का अधिकार सूत्र।

आमतौर पर संधि को आदेश के नाम से पहचानते हैं। संधि के प्रकार हैं -

1. अच् सन्धि या स्वरसंधि (निकटवर्ती स्वरों का मेल)
2. हल् सन्धि या व्यंजनसंधि (निकटवर्ती व्यंजनों का मेल)
3. विसर्ग सन्धि
4. अनुस्वार सन्धि

साधारण संधि शब्द

ॐ गणेशाय नमः । गण + ईश = गणेश । गणेश का मतलब गणों का ईश ।

दो शब्द	संधि	साधारण अर्थ
अच अन्त	अजन्त	स्वर अन्तिम अक्षर
भगवत् गीता	भगवद्गीता	भगवान का कहा हुआ संदेश
सम् वाद	संवाद	बढ़िया बातचीत
अधः गति	अधोगति	अपने पद से गिरना
इति आदि	इत्यादि	यह तथा ऐसा और भी
निस् छल	निश्छल	बिना छल
हिम आलयः	हिमालयः	बर्फीली जगह
जगत् ईशः	जगदीशः	पूरे संसार के प्रभु
महा ऋषिः	महर्षिः	बहुत बढ़े ज्ञानि
पद छेदः	पदच्छेदः	शब्दों को अलग-अलग लिखना
विद्या अर्थी	विद्यार्थी	ज्ञान का इच्छुक
सुर इन्द्रः	सुरेन्द्रः	जिसकी इंद्रियां कोमल हों
सु आगतम्	स्वागतम्	प्रेम सहित मिलन
उद् लेखः	उल्लेखः	पूर्ण व्याख्या
लोके अस्मिन्	लोकेऽस्मिन्	इसी संसार में
श्रेयः अहम्	श्रेयोऽहम्	मेरे लिए उत्तम
शप् विकर्णाः	शब्विकर्णाः	व्याकरण में "शप्" नामक गण-विकर्ण
प्रथमः अध्यायः	प्रथमोऽध्यायः	शिक्षा का पहला चरण
भुंजीय	भुञ्जीय	भोगना

संधि को समझने की मूल बातें

गुण करना - धातुगण 1c शप् , 10c णिच्

हम "गुण अक्षर से बदलना" तथा "गुण संधि करना" इन दोनो का भेद जाने ।

- गुण करने का अर्थ है की धातु के किसी स्वर को हम गुण स्वर से बदलें ।
- गुण संधि का अर्थ है की दो स्वरों को हम किसी गुण स्वर से बदलें ।

संस्कृत शब्द की रचना के लिए, "धातु" में दो प्रकार के "प्रत्यय" जोड़े जाते हैं - सार्व–धातु–कम् व आर्ध–धातु–कम् । "प्रत्यय" मतलब जिससे धातु में परिवर्तन लाया जाए ।

कोइ भी प्रत्यय धातु में गुण कर सकता है, निम्नलिखित नियमों द्वारा ।

- केवल इक् स्वर (इ , ई , उ , ऊ , ऋ , ॠ , ऌ) गुण स्वर द्वारा बदला जायेगा
- धातु का अन्तिम इक् गुण स्वर द्वारा बदला जायेगा
- धातु का उपधा ह्रस्व-इक् (इ , उ , ऋ , ऌ) गुण स्वर द्वारा बदला जायेगा

कुछ धातु

- Some dhatus have a consonant in the penultimate position कर्ज् ।
- Others having a conjunct in the final position (e.g. निन्द्), penultimate vowel here is counted as long,. and for such dhatus this rule becomes inapplicable.

स्थानी , आदेशः , आगमः , निमित्तः , आनुपूर्वी

स्थानी – संधि के विषय में "स्थानी" उसे कहते हैं जिस अक्षर की परिस्थापना होगी ।

आदेश – संधि के विषय में "आदेश" उसे कहते हैं जो अक्षर परिस्थापना करेगा । We need to determine the corresponding letter or letter nearest to the स्थानी , when more than one replacement letters आदेशाः are present. This is achieved by साम्यम् in place of enunciation, effort, or emphasis. In sandhi, when we say स्थानी will be replaced by a corresponding letter, we mean the letter that is closest in enunciation. E.g. a hard alp-prana 1st letter of row class palatal स्थानी like च् could be replaced by letter क् that corresponds to it because it is also a hard alp-prana 1st letter of row class guttural.

Likewise a soft maha-prana 4th of row class palatal झ corresponds to a soft maha-prana 4th of row class guttural घ् ।

आगम – जो अक्षर अङ्ग तथा प्रत्यय के बीच आकर बैठता है बिना कोई परिस्थापना किये ।

निमित्त –वर्तमान स्थिति को समझना । निमित्त संधि का कारण बनता है । वर्तमान स्थिति में देखिये की संधि का निमित्त है या नहीं ।

आनुपूर्वी – शब्द में अक्षरों का अनुक्रम । यह अति आवश्यक है की हम शब्द को अक्षरों के क्रम में विभाजित कर के देखें ताकी संधि को ठीक से लगा सकें । उदा॰ राम = र् आ म् अ । कृष्णः = क् ऋ ष् ण् अ ः । रामान् = र् आ म् आ न् । आनुपूर्वी से पदान्त तथा अपदान्त तथा उपधा अक्षर को ठीक से देख सकते हैं ।

पदान्त , अपदान्त का विचार

- कुछ संधि पदान्त विषय में लगती हैं। इनको बाह्य संधि कह सकते हैं। यह दो शब्दों के परसपर मेल में होती हैं।
- कुछ संधि अपदान्त विषय में लगती हैं। यह क्रियापद या नामपद के रूप निर्माण के समय लगती हैं। इनको अभ्यंतर संधि कह सकते हैं।
- जिस संधि में पदान्त / अपदान्त का उल्लेंख न हो। इसे बाह्य तथा अभ्यंतर दोनों में लगा सकते हैं।

संधि वर्गीकृत

- स्वर संधि = अच् सन्धि
- व्यंजन संधि = हल् सन्धि
- विसर्ग संधि
- अनुस्वार संधि

- अनुनासिकत्व संधि = अन्तःस्थ संधि
- नासिकत्व संधि = चँद्रबिन्दु
- आगम / आदेश संधि
- प्रगृह्यम् या संधि निषेध
- द्वित्व संधि
- पदान्त संयुक्त का लोप = संयोगान्तस्य लोपः।

- संधि के अपवाद
- संधि के विस्तार
- वैकल्पिक संधि

- मतलब को समझने में दोष की संभावना = नकार "उपसर्ग" के रूप में लगना

- धातु अक्षर में परिस्थापना संधि
- विशिष्ट संधि, केवल किसी धातु या प्रत्यय के लिये।

संधि लगाने का गणितीय क्रमश

1. "प्रत्याहार" तथा "संज्ञा" को निश्चित कर लें। माहेश्वर सूत्र को अपने सामने रखें।
2. उचति "विधि सूत्र" का चयन करें।
3. देखें कोई "परिभाषा" लागू है ?
4. यथार्थ "स्थानी" का चयन करें।
5. यथार्थ "आदेश" अक्षर को चुनें।
6. "इत्" अक्षर का लोप सही समय पर।
7. अगर एक से ज्यादा "आदेश" अक्षर साम्य तो उन में से सबसे करीब का चयन।
8. देखें की 8.2.1. पूर्वत्रासिद्धम् सूत्र लागू है? यदि है तो
9. पूरी अष्टाध्यायी के सभी सूत्रों का एक-दो बार चयन करें की अन्तिम शब्द साहित्य से पुष्ट होता है।
10. संस्कृत वाङ्मय से पुष्टीकरण।

स्वर संधि कोष्ठक

	अ	आ	इ	ई	उ	ऊ	ऋ	ॠ	ऌ	ए	ऐ	ओ	औ
अ	आ	आ	ए	ए	ओ	ओ	अर्	अर्	अल्	ऐ	ऐ	औ	औ
आ	आ	आ	ए	ए	ओ	ओ	अर्	अर्	अल्	ऐ	ऐ	औ	औ
	सवर्ण दीर्घ		**गुण**							**वृद्धि**			
इ	य	या	ई	ई	यु	यू	यृ	यॄ	यॢ	ये	यै	यो	यौ
ई	य	या	ई	ई	यु	यू	यृ	यॄ	यॢ	ये	यै	यो	यौ
	यण्		सवर्ण दीर्घ		यण्								
उ	व	वा	वि	वी	ऊ	ऊ	वृ	वॄ	वॢ	वे	वै	वो	वौ
ऊ	व	वा	वि	वी	ऊ	ऊ	वृ	वॄ	वॢ	वे	वै	वो	वौ
	यण्				**सवर्ण दीर्घ**		**यण्**						
ऋ	र	रा	रि	री	रु	रू	ॠ	ॠ	ॠ	रे	रै	रो	रौ
ॠ	र	रा	रि	री	रु	रू	ॠ	ॠ	ॠ	रे	रै	रो	रौ
	यण्						सवर्ण दीर्घ			यण्			
ऌ	ल	ला	लि	ली	लु	लू	ॠ	ॠ	ॠ	ले	लै	लो	लौ
	यण्						सवर्ण दीर्घ			यण्			
ए	अय	अया	अयि	अयी	अयु	अयू	अयृ	अयृ	अयॢ	अये	अयै	अयो	अयौ
	अयाव्												
ऐ	आय	आया	आयि	आयी	आयु	आयू	आयृ	आयृ	आयॢ	आये	आयै	आयो	आयौ
ओ	अव	अवा	अवि	अवी	अवु	अवू	अवृ	अवृ	अवॢ	अवे	अवै	अवो	अवौ
औ	आव	आवा	आवि	आवी	आवु	आवू	आवृ	आवृ	आवॢ	आवे	आवै	आवो	आवौ

ध्यान दें – इस कोष्ठक में अपवादों को नहीं लिया है।

अनुनासिक परिस्थापन अन्तःस्थ य् ल् व् के विषय में

य् → यँ॒ , ल् → लँ॒ , व् → वँ॒ ।

ॐ त्र्यम्बकं यजामहे → ॐ त्र्यम्बकयँ॒ यजामहे । (सही उच्चारण यज्ञ में)।

किन्तु रेफ का अनुनासिक परिस्थापन नहीं ।

उदा॰ पुनर् मोहः → पुनर्मोहः ।

संयुक्त अक्षर का मेल संधि नहीं

संयुक्त अक्षरों को जोड़ कर लिखने को संधि नहीं कहते ।

तथा पूर्व शब्द के आखरी व्यंजन को पर शब्द के आदि स्वर से जोड़ कर लिखने को संधि नहीं कहते ।

उदा॰ भगवद्गीता 2.1

विषीदन्तम् इदं वाक्यम् उवाच मधुसूदनः ॥

इस श्लोक को लिखते हैं -

विषीदन्तमिदं वाक्यमुवाच मधुसूदनः ॥

यहां "मि , मु" संधि नहीं है । यह संस्कृत लिखने का सुंदर तरीका है ।

स्वर संधि

स्वर संधि विज्ञान

गुण अक्षर = अ ए ओ , अर् अल्

वृद्धि अक्षर = आ ऐ औ , आर् आल्

VOWEL STRENGTH CHART is very useful in understanding the concept of guna and vriddhi						
Vowels in ancient sanskrit (vedic, pre vedic and post vedic)			Classical sanskrit (Bhagavad Gita, Ramayana, Mahabharata and later)		
Weak (similar vowels)	medium	strong	weak	medium	strong
इ ई उ ऊ ऋ ॠ ऌ ॡ	अइ अउ अर्	आइ आउ आर्	इ ई उ ऊ ऋ ॠ ऌ ॡ	ए ओ अर् अल्	ऐ औ आर् आल्
Corresponding semivowel					
इ → य् उ → व्	ए=अइ → अय् ओ=अउ → अव्				
Over time, the vowels in ancient Sanskrit merged to produce the diphthongs used in classical Sanskrit.					
Similar vowels combine and become long. **Remember, diphthongs are dissimilar to each other. They are NOT Savarna.**					
Two dissimilar vowels will change based on the first vowel. If the first vowel is अ or आ, then the first vowel combines with the second and strengthens it by one level. Known as Guna sandhi, i.e. strengthening of vowel by one level, from weak to medium, in vowel strength chart. (**Guna = Multiplication**). Here you see the weak-strength vowels इ , उ , ऋ becoming medium-strength vowels					

ए , ओ , अर् ।

राज इन्द्रः → राज् अ इ न्द्रः → राज् ए न्द्रः → राजेन्द्रः ।

हित उपदेशः → हित् अ उ पदेशः → हित् ओ पदेशः → हितोपदेशः ।

महा ऋषिः → मह् आ ऋ षिः → मह् अर् षिः → महर्षिः ।

If the second vowel is already strong, then the first vowel disappears. Known as Vriddhi sandhi, i.e. strengthening of vowel by two levels, from weak to strong, in vowel strength chart. तस्य औदार्यम् → तस्य् अ औ दार्यम् → तस्य् औ दार्यम् → तस्यौदार्यम् ।

Otherwise if the first vowel is other than अ or आ, it will change to its corresponding semivowel.

इति आह → इत् इ आ ह → इत् य् आ ह → इत्याह ।

For diphthongs, the second part of the diphthong becomes the corresponding semivowel.

भोअति → भ् ओ अ ति → भ् अउ अ ति → भ् अव् अ ति → भवति ।

सह नौ अवतु → सह नाव् अवतु । *Protect us both together.*

1.4.10 ह्रस्वं लघु । Laghu लघु is the term given to the short simple vowels, i.e. अकार, इकार, उकार, ऋकार, ऌकार ।

1.4.11 संयोगे गुरु । Guru गुरु is the term given to the short simple vowels followed by a conjunct consonant.

1.4.12 दीर्घञ्च । Also Guru applies to the long simple vowels, i.e. आकार, ईकार, ऊकार, ॠकार, and also to the diphthongs that are naturally long i.e. एकार, ऐकार, ओकार, औकार ।

01 सवर्ण दीर्घ संधि = अक् + सवर्ण अक् → दोनों का दीर्घ स्वर से परिस्थापन

6.1.101 अकः सवर्णे दीर्घः । वा० ऋऌवर्णयोर्मिथः सावर्ण्यं वाच्यम् ।

संहितायां विषये अकः उत्तरस्य सवर्णे अचि परतः पूर्वपरयोः स्थाने दीर्घः एकादेशः भवति ।

जब दो अक् स्वर का मेल होता है, तब दीर्घ अक् से परिस्थापन होता है । यह गुण संधि का अपवाद है ।

उदा॰ इ + ई → ई , अ + अ → आ ।

उदा॰ महा + आत्मा → महात्मा ।

उदा॰ पितृ + ऋणम् → पितॄणम् ।

<u>ध्यान दें</u>

ऋ तथा ऌ संधि विषय में सवर्ण, वार्तिककार के मत में । इसलिए ऌ + ऌ → ॠ , चूंकि दीर्घ ॡकार का संस्कृत में प्रयोग नहीं है ।

अक् = अ इ उ ऋ ऌ ।

तदनुसार दीर्घ स्वर = आ ई ऊ ॠ , तथा ऌ के लिये भी ॠ ।

<u>ध्यान दें</u>

किसी स्थिति में "ईकार तथा शकार" को संधि विषय में सवर्ण कहा गया है चूंकि दोनो का उच्चारण तालु से है ।

<u>ध्यान दें</u>

सवर्ण दीर्घ संधि का अपवाद पररूप संधि है ।

01a सवर्ण दीर्घ का अपवाद = पररूप संधि = अपदान्त अकार + गुण अक्षर ➔ दोनों का पर अक्षर से परिस्थापन = गुण अक्षर

6.1.97 अतो गुणे । अपदान्तात् अकारात् गुणे परतः पूर्वपरयोः स्थाने पररूपम् एकादेशः भवति ।

अपदान्त अ + अ/ए/ओ ➔ दोनों का पर अक्षर से परिस्थापन ➔ अ/ए/ओ ।

उदा॰ नय + अन्ति[iii/3] ➔ नय् अन्ति = नयन्ति । (~~नयान्ति~~) ।

01b सवर्ण दीर्घ / यण् का अपवाद = पूर्वरूप संधि = अक् + अम् प्रत्यय ➔ दोनों का पूर्व अक्षर से परिस्थापन = अक्

6.1.107 अमि पूर्वः । अक् वर्णात् अम् प्रत्ययस्य परे पूर्वपरयोः एकः पूर्वरूप एकादेशः भवति ।

स्थिति = अकार अन्त वाले प्रातिपदिक के रूप द्वितीया एकवचन में । अम् विभक्ति ।

उदा॰ सवर्ण दीर्घ का अपवाद ।

राम + अम् = राम् अ अम् ➔ 6.1.107 ➔ राम् अ म् = रामम् ।

उदा॰ यण् संधि का अपवाद ।

हरि + अम् = हर् इ अम् ➔ 6.1.107 ➔ हर् इ म् = हरिम् ।

गुरु + अम् = गुर् उ अम् ➔ 6.1.107 ➔ गुर् उ म् = गुरुम् ।

02 गुण संधि **= अवर्ण+इक् →** दोनों का गुण अक्षर से परिस्थापन

1.1.2 अदेङ्गुणः । अ ए ओ एतेषां वर्णानां गुणसंज्ञा भवति ।

6.1.87 आद्गुणः । अवर्णात् अच्-वर्णे परे पूर्वपरयोः एकः गुणः आदेशः भवति ।

- अवर्ण + इवर्ण → ए = गुण अक्षर से परिस्थपित । उदा० नृप + इन्द्रः → नृपेन्द्रः । रमा+ईशः → रमेशः ।
- अवर्ण + उवर्ण → ओ = गुण अक्षर से परिस्थपित । उदा० सूर्य + उदयः → सूर्योदयः ।
- अवर्ण + ऋवर्ण → अर् = गुण अक्षर से परिस्थपित । उदा० ब्रह्म + ऋषिः → ब्रह्म् अर् षिः = ब्रह्मर्षिः ।

गुण संधि का अपवाद है आटश्च सूत्र । भूतकाल लङ् लकार के रूप , जब धातु के आदि में स्वर हो तब वृद्धि एकादेश होता है ।

गुण संधि एक और अपवाद - पदान्त अ इ उ ऌ लघु या दीर्घ + ऋकार → विकल्प से संधि नही होती ।

6.1.127 इकोऽसवर्णे शाकल्यस्य ह्रस्वश्च । 6.1.128 ऋत्यकः ।

उदा० ब्रह्म + ऋषिः → गुण → ब्रह्मर्षिः । पक्षे 6.1.127 → ब्रह्म + ऋषिः → गुण निषेध → ब्रह्मऋषिः ।

02a गुण संधि का विस्तार = उरण् रपरः

1.1.51 उरण् रपरः । ऋवर्णस्य/ऌवर्णस्य आदेशरूपेण विधीयमानात् अवर्णात्/इवर्णात्/उवर्णात् अनन्तरम् नित्यम् क्रमश रेफः / लकारः विधीयते । जब ऋ/ॠ/ऌ का अण् से परिस्थापन होना है , तब अण्+ र्/ल् से परिस्थापन होगा ।

स्थानी	अण् आदेशः	रपरः परिस्थापन आदेश
ऋ	अ	अर्
ॠ	अ	अर्
ऌ	अ	अल्
ऋ	आ	आर्
ॠ	आ	आर्
ऌ	आ	आल्
ऋ	इ	इर्
ॠ	इ	इर्
ऌ	इ	इल्
ऋ	ई	ईर्
ॠ	ई	ईर्
ऌ	ई	ईल्
ऋ	उ	उर्
ॠ	उ	उर्
ऌ	उ	उल्
ऋ	ऊ	ऊर्
ॠ	ऊ	ऊर्
ऌ	ऊ	ऊल्

03 वृद्धि संधि = अवर्ण+एच् ➔ दोनों का वृद्धि अक्षर से परिस्थापन

1.1.1 वृद्धिरादैच् । Vriddhi letters are आ , ऐ , औ ।

6.1.88 वृद्धिरेचि । अवर्णात् परः यः एच् तयोः पूर्वपरयोः स्थाने वृद्धिः एकादेशः भवति । अवर्ण + एच् ➔ वृद्धि एकादेश । यह गुण संधि का अपवाद है चूंकि एच् प्रत्याहार अच् के अन्तर्गत है ।

- अवर्ण + एवर्ण ➔ ऐ । कृष्ण + ऐश्वर्यम् = कृष्णैश्वर्यम् ।
- अवर्ण + ओवर्ण ➔ औ । ब्रह्म + ओदनः = ब्रह्मौदनः ।

ध्यान दें
आकार भी वृद्धि अक्षर है, उसका उपयोग यहां नहीं दीखता ।
आर् , आल् भी वृद्धि अक्षर हैं उनका उपयोग यहां नहीं दीखता ।

6.1.91 उपसर्गात् ऋति धातोः । अवर्णान्तात् उपसर्गात् ऋकारादौ धातौ परतः पूर्वपरयोः स्थाने वृद्धिरेकादेशः भवति ।
अवर्ण अन्त वाले उपसर्ग + ऋ आदि वाला धातु ➔ वृद्धि एकादेश ।
उदा॰ उप + ऋच्छति ➔ उप् आर् च्छति ➔ उपार्च्छति ।
प्र + ऋच्छति = प्रार्च्छति ।

03a वृद्धि संधि का विस्तार = एत्येधत्यूठ्सु

6.1.89 एत्येधत्यूठ्सु । अवर्णात् परः यः इण् गतौ इत्येतस्य एच् , एध वृद्धौ ऊठ् इत्येतयोश्च यः अच् , एतेषु च पूर्वः यः अवर्णः , तयोः पूर्वपरयोः अवर्णाचोः स्थाने वृद्धिः एकादेशः भवति । अवर्ण + एति/एधति/ऊठ् ➔ वृद्धि संधि ।
उदा॰ उप + एति । यहां उप उपसर्ग है, एति = धातु इण् का iii/1 लट् रूप ।
उप + एति ➔ वृद्धि संधि ➔ उप् ऐ ति = उपैति ।
यहां अ + ए का परिस्थापन ऐ वृद्धि अक्षर । यह पूर्वरूप का अपवाद है ।

03b वृद्धि संधि अपवाद = पररूप संधि = अपदान्त अ+गुण अक्षर → गुण अक्षर

6.1.94 एङि पररूपम् । अवर्ण अन्तात् उपसर्गात् एङादौ धातौ परतः पूर्वपरयोः स्थाने पररूपम् एकादेशः भवति, संहितायां विषये ।

अवर्ण / उपसर्ग जो अवर्ण में अन्त + एङ् आदि वाला धातु → दोनों अक्षरों का पर अक्षर से परिस्थापन । यह वृद्धि संधि का अपवाद है ।

उदा॰ अ+ए → ~~वृद्धि संधि → ऐ~~ → पररूप संधि → ए । (iii/3 लट् वर्तमान काल प्रथमपुरुष बहुवचन) ।

उपसर्ग उदा॰ अव + एहि → अवेहि (~~अवैहि~~)

उप + ओषति (धातु उष् iii/1 लट्) → उप् अ + ओषति → पररूप संधि → उप् ओषति = उपोषति । (वृद्धि संधि-~~उपौषति~~ को बाधकर)।

<u>ध्यान दें</u>

उप + एति[2cPiii/1] → उपैति (~~उपेति~~) !!! यहां वृद्धि संधि है ।

03c पररूप संधि का विस्तार

6.1.95 ओमाङोश्च । ॐ आङोः च । ओमि आङि च परतः अवर्णात् पूर्वपरयोः स्थाने पररूपमेकादेशः भवति ।

अवर्ण + ॐ → पररूप संधि → ॐ ।

अवर्ण + आङ् निपात → पररूप संधि → आङ् ।

उदा॰ ॐ नमः शिवाय । गाते समय हम "नमः शिवाय ॐ" का उच्चारण भी करते हैं ।

नमः शिवाय ओम् → पररूप संधि → नमः शिवायोम् ।

उदा॰ आङ् + इहि → इत् लोप → आ + इहि → गुण संधि → एहि । शिव + एहि → पररूप संधि → शिवेहि ।

04 यण् संधि = इक् + भिन्न स्वर → यण् + भिन्न स्वर

इक् संज्ञा = इ ई उ ऊ ऋ ॠ ऌ । माहेश्वर सूत्र 1, 2.

यण् संज्ञा = य् व् र् ल् । माहेश्वर सूत्र 5, 6.

6.1.77 इको यणचि । अचि परतः इको यणादेशो भवति ।

- इवर्ण + भिन्न स्वर → य् + भिन्न स्वर ।
  यदि+अपि → यद् य् अपि → यद्यपि । लक्ष्मी+आगच्छति → लक्ष्म् य् आगच्छति = लक्ष्म्यागच्छति ।
- उवर्ण + भिन्न स्वर → व् + भिन्न स्वर ।
  सु+आगतम → स् व् आगतम् = स्वागतम ।
- ऋवर्ण + भिन्न स्वर → र् + भिन्न स्वर ।
  पितृ+आदेशः → पित् र् आदेशः = पित्रादेशः ।
- ऌवर्ण + भिन्न स्वर → ल् + भिन्न स्वर ।
  ऌ+अकार → ल् अकार = लकार ।

पर स्वर रहता है ।

अपवाद - यण् संधि प्रगृह्य शब्दों में लागू नहीं होती ।

<u>सारांश</u>

- हमने सवर्ण दीर्घ, गुण, वृद्धि, तथा यण् संधि में पहला अक्षर अक् को अन्तर्गत किया है । देखिये माहेश्वर सूत्र 1 और 2 ।

- यह भी देखिये की सवर्ण दीर्घ, गुण व वृद्धि संधि में पूर्व तथा पर दोनों अक्षर परिस्थापित होते हैं ।

- यण् संधि में केवल पूर्व स्वर परिस्थापित होता है, पर स्वर रहता है ।

05 अयाव् संधि = एच् + अच् → एच् परिस्थापित अय्/अव् से + पर स्वर

6.1.78 एचोऽयवायावः । एचः स्थाने अचि परतः अयवायावित्येते आदेशाः यथासङ्ख्यम् भवन्ति ।

अवस्था एच् + अच् , जब ए, ऐ, ओ, औ के पर में कोई स्वर है, तब ए, ऐ, ओ, औ को क्रमश अय्, आय् , अव् , आव् से परिस्थापित तथा पर स्वर रहता है ।

ए → अय् ऐ → आय् ओ → अव् औ → आव्	ज्ञायन्ते + इति ज्ञायन्त् ए + इति ज्ञायन्त् अय् + इति → ज्ञायन्तयिति	नी + अकः → विभक्ति 1/1 प्रत्यय से वृद्धि परिस्थापित → नै + अकः → अयाव् संधि → न+आय्+अकः → सवर्ण दीर्घ संधि → नायकः

देखें की संधि का नाम हि परिस्थापित अक्षर का सूचित है !

अयाव् संधि का अपवाद है जो पूर्वरूप संधि में बताया है ।

अयाव् संधि प्रगृह्य शब्दों में लागू नहीं होती ।

06 पूर्वरूप संधि (पदान्त एच्+अ → एच् , अ का लोप ऽ)

6.1.109 एङः पदान्तादति । एङ् यः पदान्तः तस्मादति परतः पूर्वपरयोः स्थाने पूर्वरूपम् एकादृशो भवति ।

यह अयाव् संधि का अपवाद है । अकार के लोप को अवग्रह ऽ से दिखाते हैं ताके अर्थ में त्रुटि न हो । अवग्रह ऽ अष्टाध्यायी से नहीं लिया है । यह तो बाद के किसी व्याकरणकर्ता ने संस्कृत वाङ्मय को ठीक से समझने के लिये रचा ।

जब पदान्त एच् के पर में अकार हो, तब दोनों का परिस्थापन एच् । अकार का लोप होता है , इसे अवग्रह ऽ से दिखा सकते हैं । पूर्वरूप का मतलब पहला स्वर तभी इस संधि का नाम भी यही है ।

उदा॰ कठोपनिषद भाष्य 2.2.7

अनेके + अन्ये → अनेकेऽन्ये ।

हे हरे अव माम् → हे हरेऽव माम् = हे प्रभु मेरी रक्षा कीजिए ।

<u>ध्यान दें</u>

अवग्रह ऽ एक दूसरे संदर्भ में भी आता है , देखिए विसर्ग संधि नियम

अः + अ → ओ + ऽ

उदा॰ सः + अहम् → सो ऽहम् , नमोऽस्तु ते, एचोऽयवायावः, कोऽपि ,

बहवः + अनेके → बहवोऽनेके, कुशलः + अस्य → कुशलोऽस्य (कठोपनिषद 2.2.7)

यहां विसर्ग संधि है न की पूर्वरूप ।

07 अयाव् संधि का विस्तार (अयाव् के उपरांत य् लोप)

8.3.19 लोपः शाकल्यस्य । अवर्णात् परस्य पदान्तवकारस्य पदान्तयकारस्य च संहितायाम् अश्-वर्णे परे शाकल्यस्य मतेन (विकल्पेन) लोपः भवति ।

अवस्था पदान्त एच् + अश् । अयाव् संधि से "एच्" अक्षर क्रमश अय्/आय्/अव्/आव् से परिस्थापित, उपरांत य् / व् का लोप, जब पर में "अश्" अक्षर । वैकल्पिक संधि ।

पदान्त विषय में, अयाव् संधि के उपरांत, यदि पर शब्द का आदि अक्षर स्वर या मृदु व्यंजन है, तो य् / व् का लोप होता है । उपनिषदों में यह संधि अक्सर देखी जाती है । पुन संधि नहीं होगी ।

पदान्त अयाव् य् व् + स्वर / मृदु व्यंजन ➡ पदान्त य् व् लोप ।

उदा॰ कठोपनिषद भाष्य 1.2.3

वृणीते इत्युक्तं ➡ वृणीत् अय् इत्युक्तं ➡ वृणीतय् इत्युक्तं ➡ वृणीत इत्युक्तं (य् लोपः अयाव् उपरांत) । पुन अ+इ संधि नहीं होगी ।

07a अयाव् संधि का विस्तार = वान्तो यि प्रत्यये

6.1.79 वान्तो यि प्रत्यये । ओकार-औकारयोः यकारादि-प्रत्यये परे संहितायाम् क्रमेण अव्/आव् आदेशौ भवन्तः ।

जब ओवर्ण के पर में यकार-आदि प्रत्यय होता है, तब "ओ/औ" को "अव्/आव्" से क्रमश परिस्थापित किया जाता है ।

उदा॰ यहां "गो" प्रातिपदिक है जिसके अन्त में "ओ" है । "यम्" तद्धित प्रत्यय है ।

गो + यम् । ➡ 6.1.79 ➡ ग् अव् यम् ➡ गव्यम् = देसी गाय की उपज, दूध, दही, गौमूत्र इत्यादि ।

स्वर संधि के अपवाद

08 पररूप संधि (अपदान्त अ + गुण अक्षर → गुण अक्षर)

6.1.97 अतो गुणे । अपदान्त अकारात् गुणे परे पूर्वपरयोः पररूप एकादेशः भवति ।

अपदान्त अकार + गुण अक्षर → दोनों का गुण अक्षर से परिस्थापन ।

उदा॰ तिङ् लट् iii/3 प्रत्यय अन्ति क्रियापद का रूप ।

गुण अक्षर = अ, ए, ओ

<u>ध्यान दें</u>

सवर्ण दीर्घ संधि का अपवाद (~~आ~~) । अ + अ → अ ।

उदा॰ अट्[1cP] + अन्ति[iii/3,लट्] → शप् गण विकरण → गुण निषेद → अट् + अ+अन्ति → 6.1.97 पररूप संधि चूंकि “अन्ति” का अकार गुण अक्षर है → अटन्ति ।(~~अटान्ति~~)

उदा॰ अट्[1cP] + अन्[iii/3,लङ्] → शप् → गुण निषेद → अट् + अ+अन् → पररूप संधि चूंकि “अन्” का अकार गुण अक्षर है → अट् अन् = अटन् → आट् augment → आ + अटन् → 6.1.101 → आटन् ।

वृद्धि संधि का अपवाद (~~ऐ~~) । अ + ए → ए ।

उदा॰ अय्[6cA] + ए[i/1,लट्] → श गण विकरण → गुण निषेद → अय् + अ + ए → पररूप संधि चूंकि “ए” गुण अक्षर है → अय् + ए → अये । (~~अयै~~)

09 आट् आगम की वृद्धि प्रतिस्थापन

6.1.90 आटश्च । आट्-आगमात् अच्-वर्णे परे वृद्धि एकादेशः भवति ।

लङ् लकार की प्रकिया में, जो धातु व्यंजन-आदि वाले हैं, उन्हे "अट् आगम" होता है तथा जो धातु स्वर-आदि वाले हैं, उन्हे "आट् आगम" होता है । आटश्च सूत्र से पूर्व व पर दोनो अक्षरों का तदनुसार वृद्धि अक्षर से प्रतिस्थापन होता है ।

वृद्धि अक्षर की संज्ञा

स्वर-आदि धातु अङ्ग	अ	इ, ई	उ, ऊ	ऋ, ॠ	ऌ
तदनुसार गुण अक्षर	अ	ए	ओ	अर्	अल्
तदनुसार वृद्धि अक्षर	आ	ऐ	औ	आर्	आल्

"वृद्धि प्रतिस्थापन" तथा "वृद्धि संधि" मे तुलना

गुण प्रतिस्थापन का नतीजा	अ	ए	ओ	अर्	अल्
गुण संधि का नतीजा का नतीजा		ए	ओ	अर्	अल्
वृद्धि प्रतिस्थापन का नतीजा	आ	ऐ	औ	आर्	आल्
वृद्धि संधि का नतीजा		ऐ	औ		

उदा० अर्च्^{1cP} पूजा करना, लङ् भूतकाल प्रक्रिया

अर्च् + त् → अर्च् + शप् + त् → गुण का अभाव → अर्च् + अ + त् → अर्च + त् → 6.1.90 आट् आगम → आ + अर्च + त् → पूर्व-पर का वृद्धि अक्षर से प्रतिस्थापन → आ र्च + त् → आर्चत् $^{iii/1}$ = वह आराधना करता है ।

इष्^{6cP} इच्छा करना, लङ् कर्त्तरि भूतकाल प्रक्रिया

इष् + त् → इच्छ् + श + त् → गुण का अभाव → इच्छ् + अ + त् → यहां अङ्ग "इच्छ" है → इच्छ + त् → 6.1.90 आट् आगम → आ + इच्छ + त् → पूर्व-पर का वृद्धि अक्षर से प्रतिस्थापन → ऐ च्छ + त् → ऐच्छत् $^{iii/1}$ = वह इच्छा करता है ।

10 इयङ् उवङ् आदेश = इवर्ण + स्वर → इय् +स्वर, उवर्ण + स्वर → उव् + स्वर

6.4.77 अचि श्नुधातुभ्रुवां य्वोरियङुवङौ । श्नुप्रत्ययान्तस्य , इवर्ण-उवर्ण अन्तधातोः , भ्रू इत्येतस्य च, अङ्गस्य इयङ्-उवङ् इति आदेशौ , अच्-आदि प्रत्यय परतः भवति ।

यण् संधि का अपवाद ।

अङ्ग अन्त इवर्ण + अजादि प्रत्यय , इवर्ण → इय् + अजादि प्रत्यय ।

अङ्ग अन्त उवर्ण + अजादि प्रत्यय , उवर्ण → उव् + अजादि प्रत्यय ।

तथा ऋवर्ण → रि । ऌ → लि ।

<u>क्रियापद रूप प्रक्रिया</u>

उदा॰ धातु दृ^{6cA} = आदर करना । लट् वर्तमान काल कर्त्तरि iii/1 रूप प्रक्रिया 6c गुण निषेद ।

7.4.28 रिङ् शयग्-लिङक्षु । (ऋ → रि)

रिङ् आदेश के कारण तथा श-गण विकरण अपित् होने से गुण निषेद, ऋ → रिङ् । इत् का लोप, ऋ → रि ।

दृ + ते → द्ऋ + श + ते → 7.4.28 → द् रि +अ+ ते = द् र् इ +अ+ ते →

6.4.77 इयङ् आदेश → द् र् इय् अ+ ते = द्रियते ।

इस धातु में "आङ्" निपात नित्य लगता है ।

आ + द्रियते → आद्रियते$^{iii/1}$ ।

व्यंजन संधि

11 णत्वम् संधि न् → ण्

8.4.1 रषाभ्यां नो णः समानपदे । समानपदे रेफात् / षकारात् परस्य नकारस्य संहितायाम् विषये णत्वं भवति ।
वा० ऋवर्णान्नस्य णत्वं वाच्यम् ।

एक ही शब्द में, जब र् / ष् के पर में न् हो , तब नकार का णकार ।

उदा॰ जीर्नः = जीर् नः → 8.4.1 → जीर् णः = जीर्णः ।

वार्तिककार ने ऋवर्ण को भी इस सूत्र में लिया है ।
उदा॰ तिसृ + नाम् (षष्ठी बहुवचन विभक्ति) → तिसृणाम् ।

11a णत्वम् संधि विस्तार न् → ण्

8.4.2 अट्कुप्वाङ्नुम्व्यवायेऽपि । रेफात् / षकारात् परस्य नकारस्य णकारादेशः भवति , अट्-वर्णस्य, कवर्गीयवर्णस्य, पवर्गीयवर्णस्य, आङ्-अस्य उपसर्गस्य, नुम्-आगम च व्यवधाने अपि ।

उदा॰ रामेन → रामेण $^{3/1}$ । रामानाम् → रामाणाम् $^{6/3}$ ।
(यहां नकार अपदान्त है , रामेन्अ) ।

<u>ध्यान दें</u>
यह सूत्र पदान्त नकार में नहीं लगता ।
8.4.37 पदान्तस्य । रषाभ्याम् , न ।
उदा॰ रामान् $^{2/3}$ ।

जब समानपद में (ऋ ॠ र् ष्) के पर में न् हो , तथा मध्य अक्षर [कोई स्वर, य् व् ह् कवर्ग पवर्ग आङ् नुम्] हो , तब भी नकार को णकार आदेश ।

- अट् प्रत्याहार = स्वर , ह् य् व् र् । माहेश्वर सूत्र 1, 2, 3, 4, 5
- कवर्ग = क् ख् ग् घ् ङ् ।
- पवर्ग = प् फ् ब् भ् म् ।
- आङ् निपात = आ ।
- नुम् = नुँम् आदेश = न् = अनुस्वार ं (सूत्र 8.4.58 अनुस्वारस्य ययि परसवर्णः) ।

<u>ध्यान दें</u>
जब मध्य अक्षर कवर्ग / पवर्ग नहीं, तब यह सूत्र नहीं लगता । कृष्णेन । क् ऋ ष् ण् ए न् अ । यहां ष् तथा न् के मध्य ण् है , जो की टवर्गीय है, ~~कृष्णेण~~ ।

12 श्चुत्वम् संधि (स्+श्/चु → श्+श्/चु) (तु+श्/चु → चु+श्/चु)

8.4.40 स्तोः श्चुना श्चुः । स्तोः ष्टुना योगे ष्टुः स्यात् ।

अपदान्त तथा पदान्त संधि ।

- सकार + शकार ➔ शकार + शकार
- सकार + चवर्ग ➔ शकार + चवर्ग
- तवर्ग + शकार ➔ समरूप चवर्ग + शकार
- तवर्ग + चवर्ग ➔ समरूप चवर्ग + चवर्ग

<u>ध्यान दें</u>

विसर्ग का भी ख्याल रखें । रामस्$^{1/1}$ ➔ रामः$^{1/1}$ ।

8.4.40 से आठ निमित्त उतपन्न

श् + स्	संस्कृत मे कोई उदा॰ नहीं
चु + स्	संस्कृत मे कोई उदा॰ नहीं
चु + तु	8.4.40 का अपवाद 8.4.44

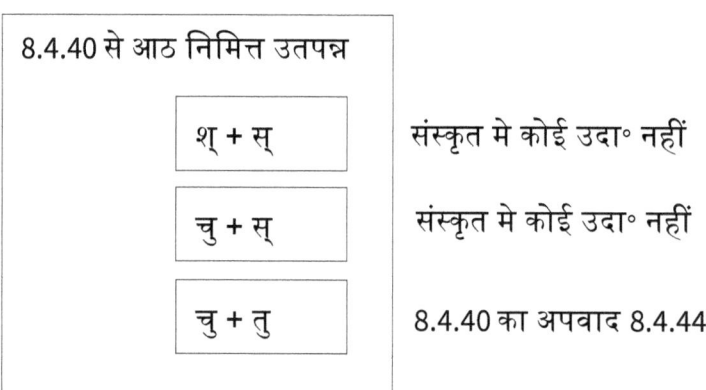

	संधि स्थिति	परिणाम	उदा॰	शब्द
1	स् + श्	श् + श्	(वृक्षः + शेते) वृक्षस् + शेते → वृक्षश् + शेते	वृक्षश्शेते
2	स् + चवर्ग	श् + चवर्ग	(वृक्षः + चिनोति) वृक्षस् + चिनोति → वृक्षश् + चिनोति	वृक्षश्चिनोति
3	तु + श्	चु + श्	अग्निचित्+शेते → अग्निचिच्+शेते → अग्निचिच्शेते → अग्निचिच्छेते तु का चु श्चुत्वम् द्वारा, श् का छ् छत्वम् से → श्रीमत् शङ्कराश्रमः → श्रीमच्छङ्कराश्रमः । महत् शकटम् → महच्छकटम् ।	
4	तु + चवर्ग	चु + चवर्ग	अग्निचित् + चिनोति → अग्निचिच् + चिनोति → अग्निचिच्चिनोति यत् ज्ञात्वा न इह भूयः अन्यत् ज्ञातव्यम् अवशिष्यते → गीता 7.2 यज्ज्ञात्वा नेह भूयोऽन्यज्ज्ञातव्यमवशिष्यते ॥ सद् + जनः → सज्जनः ।	
5	श् + स्	श् + श्	x	x
6	चु + स्	चु + स्	x	x
7	श् + तवर्ग	अपवाद	8.4.44 शात् ।	
8	चु + तवर्ग	चु + चवर्ग	यज् + न → यज् + ञ	यज्ञ

13 श्चुत्वम् का अपवाद = श् + तु

8.4.44 शात् । श्चुः , तोः , न ।
शकारात् परस्य तवर्गीयवर्णस्य श्चुत्वम् न भवति ।

श् + तवर्ग, श्चुत्वम् संधि का निषेद ।

उदा॰ प्रश्नः (प् र श् न् अ:) = प्र श् नः ।

यहां श्चुत्वम् से श् न् → श् श् , प्र श् नः → प्रश्शः, किन्तु 8.4.44 से निषेद ।

उदा॰ विश्नः (व् इ श् न् अ:) = वि श् नः ।

यहां श्चुत्वम् से श् न् → श् श् , प्र श् नः → विश्शः, किन्तु 8.4.44 से निषेद ।

ध्यान दें

सूत्र 8.4.40 से 8.4.44 को बड़े ध्यान से पढ़िये ताकी पाणिनि का मत समझ में आये ।

8.4.40 स्तोः श्चुना श्चुः ।

8.4.41 ष्टुना ष्टुः ।

8.4.42 न पदान्तात् टोः अनाम् । वा॰ अनाम् नवतिनगरीणाम् इति वाच्यम् ।

8.4.43 तोः षि ।

8.4.44 शात् ।

ध्यान दें 8.4.44 को , 8.4.40 के बाद नहीं रखा है । बीच में तीन सूत्र हैं ।

सारांश

8.4.40 से आठ निमित्त उतपन्न, पांच के उदाहरण साहित्य में मिलते हैं , दो के कोई उदाहरण नहीं, तथा एक निमित्त का अपवाद सूत्र ।

14 ष्टुत्वम् संधि = स् + ष् / टु → ष् , तु + ष् / टु → टु

8.4.41 ष्टुना ष्टुः । स्तोः ष्टुना योगे ष्टुः स्यात् ।

अपदान्त तथा पदान्त संधि ।

	संधि स्थिति	परिणाम	उदा॰	शब्द
1	स् + ष्	ष् + ष्	(नमः) नमस् + षण्मुखाय → नमष् + षण्मुखाय	नमष्षण्मुखाय
2	स् + टवर्ग	ष् + टवर्ग	(वृक्षः) वृक्षस् + टीकते वृक्षष् + टीकते	वृक्षष्टीकते
3	तु + ष्	टु + ष्	x	
4	तु + टवर्ग	टु + टवर्ग	अग्निचित् + टीकते→ अग्निचिट् + टीकते	अग्निचिट्टीकते
5	ष् + स्	ष् + ष्	x	
6	टु + स्	x	अपवाद	
7	ष् + तवर्ग	ष् + टवर्ग	(पिष्+तृच् → गुण → पेष् + तृ → पेष् + टृ → पेष्टृ (प्रातिपदिक, पेष्टा$^{m1/1}$) इष् + तः → इष्टः । विष् + नुः → विष्णुः । कृष् + नः → कृष्णः ।	
8	टु + तवर्ग	टु + टवर्ग	ईड्^{1cA} + ते$^{iii/1}$ → ईड् + टे	ईड्टे → चर्त्वम् → ईट्टे

15 ष्टुत्वम् का अपवाद = पदान्त टु + स् , पदान्त टु + तु संधि नहीं

8.4.42 न पदान्तात् टोः अनाम् । वा० अनाम् नवतिनगरीणाम् इति वाच्यम् ।

- पदान्त टवर्ग के लिये → टु + स् → टु + ष् संधि नहीं होगी । श्वलिट् + साये → ष्टुत्वम् का अपवाद → श्वलिट् + साये ।
- पदान्त टवर्ग के लिये → टु + तु → टु + टु संधि नहीं होगी । मधुलिट् + तरति ।
- किन्तु जब षष्ठी बहुवचन विभक्ति 6/3 प्रत्यय 'आम्' तब ष्टुत्वम् होगी । षड् + नाम्$^{6/3}$ → 8.4.41 → षड् + णाम् → परसवर्ण संधि → षण्णाम् ।

श्वलिट् + स्ताये → कोई संधि नहीं । मधुलिट् + सरति → कोई संधि नहीं ।

वार्तिककार 8.4.42 सूत्र में "नवति" तथा "नगरि" को नहीं लेता है ।

उदा॰ षट् + नवतिः → जश्त्वम् → षड् + नवतिः → 8.4.41 → षड् + णवतिः →

परसवर्ण संधि → षण्णवतिः ।

षड् + नगरी → 8.4.41 षड् + णगरी → परसवर्ण संधि → षण्णगरी ।

15a ष्टुत्वम् का अपवाद = तु + ष् कोई संधि नहीं

8.4.43 तोः षि । वर्गस्य षकारे यदुक्तं ष्टुत्वम् न भवति ।

तवर्ग + षकार → 8.4.41 ष्टुत्वम् नहीं होगा → तवर्ग + षकार ।

उदा॰ सन् + षष्ठः । सन्षष्ठः ।

16 जश्त्वम् संधि = पदान्त झल् → जश्

8.2.39 झलां जशोऽन्ते । पदस्य अन्ते झलाम् जशः स्यात् ।

संस्कृत में यह संधि मशहूर है। इसके कई उदाहरण हैं। भगवत् गीता → भगवद् गीता = भगवद्गीता । प्रातिपदिक में भी दिखती है। उदा॰ एतत् → एतद्। पदान्त "झल् अक्षर" को समरूप "जश् अक्षर" से बदलते हैं। क् → ग् , त् → द् इत्यादि। झल् प्रत्याहार = माहेश्वर सूत्र 8, 9, 10, 11, 12, 13, 14

व्यंजन वर्ग के 1st, 2nd, 3rd, 4th अक्षर तथा श् ष् स् ह् ।
जश् प्रत्याहार = माहेश्वर सूत्र 10 व्यंजन वर्ग का 3rd अक्षर = ग् ज् ड् द् ब्

स्थानी = झल्	आदेश = जश्	साम्य कारण
क् , ख् , ग् , घ्	ग्	सम व्यंजन वर्ग
च् , छ् , ज् , झ्	ज्	सम व्यंजन वर्ग
ट् , ठ् , ड् , ढ्	ड्	सम व्यंजन वर्ग
त् , थ् , द् , ध्	द्	सम व्यंजन वर्ग
प् , फ् , ब् , भ्	ब्	सम व्यंजन वर्ग
श्	ज्	तालु
ष्	ड्	मूर्धा
स्	द्	दन्त
ह्	ग्	कण्ठ

क् → ग्	दिक्+अम्बरः → दि ग् अम्बरः → दिगम्बरः
च् → ज्	अच्+आदिः → अ ज् आदिः → अजादिः
ट् → ड्	चित्+आनन्दः → चि द् आनन्दः → चिदानन्दः
त् → द्	जगत्+ईशः → जग द् ईशः → जगदीशः
प् → ब्	सुप्+अन्ताः → सु ब् अन्ताः → सुबन्ताः

<u>ध्यान दें</u> – उपसर्ग उत् ➡ उद् लिखा जाता है जश्त्वम् के कारण।

जश्त्वम् संधि का शाङ्कर भाष्य (प्रस्थानत्रयी) में कई उदाहरण मिलते है। यह संधि पदान्त विषय में है, अपदान्त विषय में जश्त्वम् का विस्तार संधि लगती है।

आश्चर्यवत्पश्यति कश्चिदेनमाश्चर्यवद्वदति तथैव चान्यः । गीता 2.29	कश्चित् एनम् , आश्चर्यवत् वदति
मनुष्याणां सहस्रेषु कश्चिद्यतति सिद्धये । गीता 7.3	कश्चिद्यतति ➡ कश्चित् यतति

चर्त्वम् संधि

आश्चर्यवत्पश्यति कश्चिदेनमाश्चर्यवद्वदति तथैव चान्यः । गीता 2.29	आश्चर्यवत्पश्यति ➡ आश्चर्यवत् पश्यति
यहां तकार दकार में नहीं परिस्थापित चूंकि पर में कठोर व्यंजन है। यहां चर्त्वम् संधि लगती है, जहां व्यंजन वर्ग का 1st अक्षर परिस्थापित होता है। जश्त्वम् में वर्ग का 3rd अक्षर परिस्थापित होता है।	

17 जश्त्वम् संधि का अगला प्रकार (झल् + झश्→ जश् + झश्)

8.4.53 झलां जश् झशि । झलां स्थाने जश्-आदेशः भवति झशि परतः ।

व्यंजन वर्ग का 1st / 2nd / 3rd /4th अक्षर व्यंजन वर्ग के समरूप 3rd अक्षर से परिस्थापित जब पर में व्यंजन वर्ग का 3rd / 4th अक्षर हो ।

क्रियापद रूप निर्माण (अपदान्त विषय) के कई उदाहरण हैं ।

धातु बुध्[1c] + धिः → बुत् + धिः → बुद् + धिः → बुद्धिः ।

धातु लभ् + धः → लब्धः ।

स्थानी = जो अक्षर बदलेगा	साम्य = उच्चारण में	निमित्त = संधि का कारण	आदेश = परिस्थापन अक्षर
झल् प्रत्याहार	उच्चारण स्थानः	पर में झश् प्रत्याहार	जश् प्रत्याहार
झ् , ज् , छ् , च्	तालु	झ् , ज्	ज्
भ् , ब् , फ् , प्	ओष्ठ	भ् , ब्	प्
घ् , ग् , ख् , क्	कण्ठ	घ् , ग्	ग्
ढ् , ड् , ठ् , ट्	मूर्धा	ढ् , ड्	ड्
ध् , द् , थ् , त्	दन्त	ध् , द्	द्
श्	तालु	झ् , ज्	ज् (अल्प प्राण)
ष्	मूर्धा	ढ् , ड्	ड् (अल्प प्राण)
स्	दन्त	ध् , द्	द् (अल्प प्राण)
ह् (महा प्राण)	कण्ठ	घ् , ग्	ग् (अल्प प्राण)

झल् अक्षर = माहेश्वर सूत्र 8, 9, 10, 11, 12, 13, 14

झश् अक्षर = माहेश्वर सूत्र 8, 9, 10 (मृदु व्यंजन)

जश् अक्षर = माहेश्वर सूत्र 10

17a जश्त्वम् का अपवाद = हो ढः

8.2.31 हो ढः ।

सूत्र	हो ढः ।
अनुवृत्ति	झलि पदस्य अन्ते च
वृत्ति	हकारस्य ढकारः आदेशः भवति । पदान्ते विद्यमानस्य हकारस्य नित्यम् ढकार आदेशः भवति । अपदान्ते विद्यमानस्य हकारस्य झलि परे ढकारादेशः भवति ।
स्थिति 1	झलि परतः (अपदान्त संधि) । ह् + झल् → ढ् + झल् ।
झल्	क् ख् ग् घ् । च् छ् ज् झ् । ट् ठ् ड् ढ् । त् थ् द् ध् । प् फ् ब् भ् । श् ष् स् ह् ।
उदाहरण	वह् 1cP → वोढा , वोढुम् , वोढव्यम्
स्थिति 2	पदस्य अन्ते च (पदान्त संधि) । ह् । → ढ् ।
उदाहरण	तुराषाह् → तुराषाट् । प्रष्ठवाट् । दित्यवाट् ।

18 चर्त्वम् संधि (झल् + खर् ➔ चर् + खर्)

8.4.55 खरि च । झल्-वर्णस्य खर्-वर्णे परे चर्-वर्ण-आदेशः भवति ।

- व्यंजन वर्ग का 3rd अक्षर व्यंजन वर्ग के समरूप 1st अक्षर से परिस्थापित जब पर में व्यंजन वर्ग का 1st / 2nd अक्षर या उष्मण अक्षर हो ।
- उष्मण अक्षर समरूप उष्मण अक्षर से परिस्थापित जब पर में व्यंजन वर्ग का 1st / 2nd अक्षर या उष्मण अक्षर हो ।

झल् + खर् ➔ चर् + खर् ।

- झल् अक्षर = माहेश्वर सूत्र 8, 9, 10, 11, 12, 13, 14 = व्यंजन वर्ग के 1st, 2nd, 3rd, 4th अक्षर तथा उष्मण श् ष् स् ह् ।
- चर् अक्षर = माहेश्वर सूत्र 11, 12, 13 = व्यंजन वर्ग के 1st अक्षर तथा श् ष् स् । कठोर व्यंजन क् च् ट् त् प् तथा उष्म श् ष् स् ।
- खर् अक्षर = माहेश्वर सूत्र 11, 12, 13 = व्यंजन वर्ग के 1st , 2nd अक्षर तथा श् ष् स् । कठोर व्यंजन क् ख् च् छ् ट् ठ् त् थ् प् फ् तथा उष्म श् ष् स् ।

उदा॰ महत् + अस्ति ➔ जश्त्वम् = व्यंजन वर्ग 1st को 3rd ➔ महद् अस्ति ।
एतत् + करोति ➔ जश्त्वम् = व्यंजन वर्ग के 1st को 3rd ➔ एतद् करोति ➔ चर्त्वम् व्यंजन वर्ग के 3rd को 1st चूंकि पर में क् (खर्) ➔ एतत् करोति ।
वाक् + करोति ➔ जश्त्वम् = व्यंजन वर्ग के 1st को 3rd ➔ वाग् करोति ➔ चर्त्वम् व्यंजन वर्ग के 3rd को 1st चूंकि पर में क् (खर्) ➔ वाक् करोति ।

ध्यान दें – पदान्त तथा अपदान्त दोनों में लगेगी ।

19 चर्त्वम् जश्त्वम् वैकल्पिक (झल् → चर् / जश्)

8.4.56 वाऽवसाने । अवसाने परे झल्-वर्णस्य विकल्पेन चर्-वर्णादेशः भवति ।

वाक्य के अन्त में झल् अक्षर या पदान्त झल् अक्षर → समरूप चर् अक्षर से परिस्थापित अथवा समरूप जश् अक्षर से परिस्थापित ।

- झल् अक्षर = माहेश्वर सूत्र 8, 9, 10, 11, 12, 13, 14 = व्यंजन वर्ग के 1st, 2nd, 3rd, 4th अक्षर तथा उष्मण श् ष् स् ह् ।
- चर् अक्षर = माहेश्वर सूत्र 11, 12, 13 = व्यंजन वर्ग के 1st अक्षर तथा श् ष् स् । कठोर व्यंजन क् च् ट् त् प् तथा उष्म श् ष् स् ।
- जश् अक्षर = माहेश्वर सूत्र 10 = व्यंजन वर्ग के 3rd अक्षर । मृदु व्यंजन ग् ज् ड् द् ब् ।

उदा॰

उपनिषत् । → उपनिषद् / उपनिषत् ।

मरुत् । → मरुत् / मरुद् ।

सम्राट् । → सम्राट् / सम्राड् ।

इति + उपनिषद् । → यण् संधि → इत्युपनिषद् । →चर्त्वम् (द् → दन्त्य त्) → इत्युपनिषत् ।

पक्षे

इति + उपनिषद् । → यण् संधि → इत्युपनिषद् । → जश्त्वम् (द् → मूर्धन्य द्) → इत्युपनिषद् ।

20 कुत्वम् संधि = चु → कु

8.2.30 चोः कुः [झलि, अन्ते च, पदस्य] । चवर्गस्य कवर्गादेशः भवति झलि परतः, पदान्ते च ।

चवर्ग → कवर्ग ।

चवर्ग अक्षर को समरूप कवर्ग अक्षर से परिस्थापित । स्थिति -

- चवर्ग के पर में झल् अक्षर

  धातु पच् + क्त → पक्ता । पच् + तुमुन् → पक्तुम् । पक्तव्यम् ।

  धातु वच् + क्त → वक्ता । वच् + तुमुन् → वक्तुम् । वक्तव्यम् ।

  या
- चवर्ग पदान्त ।

  प्रातिपदिक वाच् + सुँ प्रथमाएकवचन विभक्ति → वाच् । → 8.2.30 वाक् ।

चवर्ग = च् छ् ज् झ् ञ् = चु

कवर्ग = क् ख् ग् घ् ङ् = कु

झल् अक्षर = माहेश्वर सूत्र 8, 9, 10, 11, 12, 13, 14 = व्यंजन वर्ग के 1st, 2nd, 3rd, 4th अक्षर तथा उष्मण श् ष् स् ह् ।

21 छत्वम् संधि श् → छ् वैकल्पिक

8.4.63 शश्छोऽटि । (झयः शः छः अटि) । झय उत्तरस्य शकारस्य अटि परतः छकारादेशः भवति अन्यतरस्याम् ।

झय् + शकार + अट् → झय् + शकार + अट् । वैकल्पिक ।

- झय् अक्षर = माहेश्वर सूत्र 8, 9, 10, 11, 12 = व्यंजन वर्ग के 1st, 2nd, 3rd, 4th अक्षर ।
- अट् अक्षर = माहेश्वर सूत्र 1, 2, 3, 4, 5 = सभी स्वर तथा ह् य् व् र् ।

उदा॰

न हि प्रपश्यामि मम अपनुद्यात् यत् शोकम् उत् शोषणाम् इन्द्रियाणाम् →
न हि प्रपश्यामि ममापनुद्याद्यच्छोकमुच्छोषणमिन्द्रियाणाम् । गीता 2.8
(पक्षे = न हि प्रपश्यामि ममापनुद्याद्यच्शोकमुच्शोषणमिन्द्रियाणाम्)

श्रेयो हि ज्ञानमभ्यासाज्ज्ञानाद्ध्यानं विशिष्यते ।
ध्यानात्कर्मफलत्यागस्त्यागाच्छान्तिरन्तरम् ॥ गीता 12.12
त्यागात् शान्ति → त्यागाच्छान्ति ।

यच्छेत् शान्ते आत्मनि → यच्छेत् छान्ते आत्मनि ।

<u>आगे और संधियां होंगी ।</u>

यच्छेत् छान्ते आत्मनि → श्चुत्वम् संधि → यच्छेच् छान्ते आत्मनि = यच्छेच्छान्ते आत्मनि → अयाव् संधि → यच्छेच्छान्त् अय् आत्मनि = यच्छेच्छान्त य् आत्मनि → य् लोप संधि → यच्छेच्छान्त आत्मनि ।

तत्+शिला → तच्छिला / तच्शिला	उत्+शिष्टम् → उच्छिष्टम् / उच्शिष्टम्
सत्+शीलः →सच्छीलः / सच्शीलः	उत्+श्वासः → उच्छवासः / उच्श्वासः
उत्+शृंखलः → उच्छृंखलः / उच्शृंखलः	मत्+शिरः → मच्छिरः / मच्शिरः
एतत्+श्रुत्वा → एतच्छ्रुत्वा / एतच्श्रुत्वा	श्रीमत्+शरच्चन्द्रः → श्रीमच्छरच्चन्द्रः / श्रीमच्शरच्चन्द्रः
मत्+शत्रुः → मच्छत्रुः / मच्शत्रुः	

22 षत्वम् संधि = स् → ष्

8.3.55 अपदान्तस्य मूर्धन्यः । अपदान्तस्य संहितायाम् मूर्धन्यः आदेशः । अपदान्त सकार दन्त्य ध्वनि को षकार मूर्धन्य ध्वनि से परिस्थापित । इस अधिकार सूत्र का विधि सूत्र है 8.3.57 इणकोः , जब अपदान्त सकार के पूर्व में इण् / कवर्ग ।

इण् / कवर्ग + अपदान्त सकार → इण् / कवर्ग + अपदान्त षकार ।

<u>स्थिति जहां यह संधि लागू</u>

- सुप-विभक्ति का सकार (सप्तमी बहुवचन विभक्ति, उदा॰ = रामेषु)
- धातुपाठ में सकार आदेश (उदा॰ धातु स्था^{1cP} → तिष्ठ)

अपदान्त स् के पूर्व में इण् अक्षर या कवर्ग अक्षर निमित्त बनता है ।

इण् अक्षर = माहेश्वर सूत्र 1, 2, 3, 4, 5, 6 = अवर्ण रहित बाकी स्वर, ह् य् व् र् ल् ।

कवर्ग अक्षर = क् ख् ग् घ् ङ् ।

उदा॰

राम शब्द सप्तमी विभक्ति = रामे रामयोः रामेसु ।

रामेसु = राम्एस्उ । अपदान्त स् से पूर्व में ए = इण् अक्षर 8.3.55 8.3.57 → रामेषु । हरिषु, पतिषु, सखिषु, गुरुषु, दातृषु, पितृषु, गोषु, ग्लौषु ।

वन शब्द = वने वनयोः वनेषु ।

नदी = नद्याम् नद्योः नदीषु । मतिषु, श्रीषु, स्त्रीषु, धेनुषु, वधूषु, भूषु, स्वसृषु, मातृषु ।

वाक् शब्द = वाचि वाचोः वाक्षु । अपदान्त स् से पूर्व में क् = कवर्ग अक्षर 8.3.55 8.3.57 → वाक्षु ।

प्रति उदा॰

लता –लतायाम् लतयोः लतासु । यहां अपदान्त स् से पूर्व में "आ" जो इण् नहीं । इसलिये आकारान्त स्त्रीलिङ्ग शब्दों में यह संधि नहीं लगती ।

| अप् | - | - | अप्सु | (स् के पूर्व में प्) |

मरुत्	मरुति	मरुतोः	मरुत्सु	(स् के पूर्व में त्)
रै	रायि	रायोः	रासु	(स् के पूर्व में आ)

23 षत्वम् संधि विस्तार = स् → ष्

8.3.56 सहेः साडः सः [अपदान्तस्य मूर्धन्यः] । सह् धातोः, 'साड्' रूपस्य अपदान्तः सकारस्य मूर्धन्यः षकारः आदेशः भवति ।

उदा॰

"तुरम् सहते = तेज भागना" इस अर्थ में सह् धातु से "तुरासाह्" यह हकारान्त प्रातिपदिक है ।

तुरासाह् + सुँ । 1/1 विभक्ति ।

→ तुरासाह् । 6.1.68 हल्ङ्याब्भ्यो दीर्घात् सुतिस्यपृक्तं हल् । इति सुँ प्रत्ययस्य लोपः ।

→ तुरासाढ् । 8.2.31 हो ढः । इति पदान्तहकारस्य ढकारः ।

→ तुरासाड् । 8.2.39 झलां जशोऽन्ते । इति ढकारस्य डकारः ।

→ तुराषाड् । 8.3.56 सहे साडः सः । इति साड् → षाड् ।

→ तुराषाड् / तुराषाट् । 8.4.56 वाऽवसाने । इति वैकल्पिक चर्त्वम् ।

23a षत्वम् संधि विस्तार = स् → ष्

8.3.58 नुम्विसर्जनीयशर्व्यवाये अपि । नुम् आगम / विसर्ग / शर् प्रत्याहार एकः व्यवधाने अपि अपदान्तस्य इण्कोः पूर्व सकारस्य मूर्धन्यः आदेशः भवति ।

<u>स् → ष् के लिये निमित्त</u>

- इण् + नुँम् + स् अपदान्त, उदा॰ यजूंसि → यजूंषि
- कवर्ग + नुँम् + स् अपदान्त
- इण् + विसर्ग + स् अपदान्त, उदा॰ यजुःसु → यजुःषु
- कवर्ग + विसर्ग + स् अपदान्त
- इण् + शर् + स् अपदान्त, उदा॰ यजुष्सु → यजुष्षु
- कवर्ग + शर् + स् अपदान्त

23b षत्वम् संधि विस्तार = स् → ष्

8.3.59 आदेशप्रत्यययोः । इण्कोः परस्य अपदान्तस्य आदेशरूपस्य / प्रत्यय अवयवरूपस्य सकारस्य मूर्धन्यः आदेशः भवति ।

स् → ष् के लिये निमित्त

- इण् + आदेश में स् अपदान्त → इण् + आदेश ष् अपदान्त
- कवर्ग + आदेश में स् अपदान्त → कवर्ग + आदेश ष् अपदान्त
- इण् + प्रत्यय में स् अपदान्त → इण् + प्रत्यय ष् अपदान्त
- कवर्ग + प्रत्यय में स् अपदान्त → कवर्ग + प्रत्यय ष् अपदान्त

उदा॰ भविष्य काल लृट् लकार की स्य प्रत्यय → ष्य ।

भू 1cP + स्य लृट् + ति → भविस्यति → 8.3.59 → भविष्यति । स् के पूर्व में इकार = इण् अक्षर ।

ध्यान दें सूत्र 8.3.60, 8.3.61, 8.3.62 भी स् → ष् , षत्वम् का विस्तार हैं ।

24 च् का मध्य में बैठना संधि = ह्रस्व स्वर + छ् → ह्रस्व + च् + छ्

6.1.73 छे च । ह्रस्वस्य छे परे तुक् आगमः स्यात् ।

ह्रस्व स्वर + छ् → ह्रस्व स्वर + तुक् + छ् → 8.4.55 खरि च = तकारस्य चकार → ह्रस्व स्वर + च् +छ् → ह्रस्व स्वर + च्छ ।

तुक् आगम = चकार के लिये निमित्त

6.1.73 छे च । ह्रस्व स्वर + तुक् + छ् ।

राम + छाया = राम्अ + छाया → राम त् छाया → खरि च → रामच्छाया ।

शिव + छाया → शिवत्छाया → शिवच्छाया ।

छत्र + छाया → छात्रत्छाया → छत्रच्छाया ।

24a च् का बैठना संधि विस्तार

6.1.74 आङ्माङोश्च । आङ् माङ् च छकारे परे तुगागमः भवति ।

- निपात आङ् + छ् → आ + त् + छ् → खरि च → आ च् छ् = आच्छ्
- निपात माङ् + छ् → मा + त् + छ् → खरि च → मा च् छ् = माच्छ्

आ + छादयति → आ त् छादयति → आच्छादयति ।

आ+छादयतु → आ त् छादयतु → आच्छादयतु ।

मा + छिदत → मा त् छिदत → माच्छिदत ।

मा + छुरत → मा त् छुरत → माच्छुरत ।

24b च् का बैठना संधि विस्तार

6.1.75 दीर्घात् । दीर्घ स्वरस्य छकारे परे तुगागमः भवति ।

दीर्घ स्वर + छ् → 6.1.75 → दीर्घ स्वर + तुक् + छ् ।

चे + छिद्यते → चे त् छिद्यते → 8.4.55 खरि च → चेच्छिद्यते ।

6.1.76 पदान्ताद्वा । पदान्त दीर्घ स्वर + तुक् + छ् । वैकल्पिक ।

लक्ष्मी + छाया → लक्ष्मी त् छाया → लक्ष्मीच्छाया / लक्ष्मी छाया ।

लता + छाया → लता त् छाया → लताच्छाया / लता छाया ।

लीला + छत्रम् → लीला त् छत्रम् → लीलाच्छत्रम् / लीला छत्रम् ।

25 रुत्व संधि = पदान्त स् → रुँ

8.2.66 ससजुषोः रुँ । पदान्त सकारस्य सजुष्-शब्दस्य च रुँत्वं भवति ।

- पदान्त स् → रुँ ।
- सजुष् → सजुरुँ ।

<u>ध्यान दें</u>

रुँ = र् उँ → र् । 1.3.2 उपदेशेऽजनुनासिक इत् । 1.3.9 तस्य लोपः ।

<u>उदा॰</u>

हरि + सुँ → हरि + स् → 8.2.66 हरिरुँ → हरिर् जयति → हरिर्जयति ।

गुरोस् भाषणम् → गुरोरुँ भाषणम् → गुरोर् भाषणम् → गुरोर्भाषणम् ।

सजुष् + सुँ → सजुष् + स् 6.1.68 हल्ङ्याब्भ्यो दीर्घात् सुतिस्यपृक्तं हल् →

सजुष् । → 8.2.66 → सजुरुँ → सजुर् → 8.2.76 र्वोरुपधाया दीर्घ इकः →

सजूर् → 8.3.15 → सजूः ।

25a रुत्व संधि विस्तार = पदान्त स् → रुँ → उ

6.1.113 अतो रोरप्लुतादप्लुते। अप्लुत-ह्रस्व-अकारात् परस्य रुँ-इत्यस्य उकारादेशः अकार परस्य ।

ध्यान दें

रुँ = र् उँ → र् । 1.3.2 उपदेशेऽजनुनासिक इत् । 1.3.9 तस्य लोपः । → र् ।

अ + र् + अ → 6.1.113 → अ + उ + अ ।

निमित्त

रेफ के पूर्व तथा पर में अकार ।

उदा०

रामस् अवदत् → रामरुँ अवदत् → रामर् अवदत् → राम उ अवदत् → 6.1.87 आद्गुणः → रामो अवदत् → 6.1.109 एङः पदान्तादति → रामोऽवदत् ।

सस् अयम् → सरुँ अयम् → सर् अयम् → स उ अयम् → 6.1.87 → सो अयम् → 6.1.109 → सोऽयम् ।

25b रुत्व संधि विस्तार = पदान्त स् → रुँ → उ

6.1.114 हशि च । अप्लुत-ह्रस्व-अकारात् परस्य रुँ-इत्यस्य उकारादेशः हश् परे।

<u>ध्यान दें</u>

अ + रुँ + हश् → 6.1.114 → अ + उ + हश् ।

- हश् अक्षर = माहेश्वर सूत्र 5, 6, 7, 8, 9, 10 = मृदु व्यंजन ।

<u>उदा०</u>

रामस् जयति → 8.2.66 → रामरुँ जयति → 6.1.114 → रामउ जयति → 6.1.87 → रामो जयति ।

नृपस् रक्षति → 8.2.66 → नृपरुँ रक्षति → 6.1.114 → नृप उ रक्षति → 6.1.87 → नृपो रक्षति ।

25c रुत्व संधि विस्तार = पदान्त स् → रुँ → य्

8.3.17 भोभगोअघोअपूर्वस्य योऽशि । भो/भगो/अघो-पदस्य रोः तथा अकार पूर्वस्य रोः यः अशि परे ।

<u>ध्यान दें</u>

- भो/भगो/अघो + रुँ + अश् → 8.3.17 → भो/भगो/अघो + य् + अश् ।
- पदान्त अवर्ण + रुँ + अश् → 8.3.17 → पदान्त अवर्ण + य् + अश् ।

  अश् अक्षर = माहेश्वर सूत्र 1, 2, 3, 4, 5, 6, 7, 8, 9, 10 = सभी स्वर तथा मृदु व्यंजन ।

<u>उदा०</u>

भोस् देवाः →8.2.66→ भोरुँ देवाः →8.3.17→ भोय् देवाः→8.3.22→ भो देवाः ।

रामस् जयति →8.2.66→ रामरुँ जयति →8.3.17→ रामय् जयति →8.3.22→ राम जयति ।

25d रुत्व संधि विस्तार = पदान्त स् → रुँ → य् → लोप

8.3.22 हलि सर्वेषाम् । भोस्, भगोस्, अघोस् एतेभ्यः परस्य तथा अवर्णात् परस्य पदान्ते विद्यमानस्य यकारस्य हल्-वर्णे परे लोपः ।

ध्यान दें

- भो/भगो/अघो + रुँ + अश् → 8.3.17 → भो/भगो/अघो + य् + हल् → 8.3.22 → भो/भगो/अघो + हल्
- पदान्त अवर्ण + रुँ + अश् → 8.3.17 → पदान्त अवर्ण + य् + हल् → 8.3.22 → पदान्त अवर्ण + हल्

अश् अक्षर = माहेश्वर सूत्र 1, 2, 3, 4, 5, 6, 7, 8, 9, 10 = सभी स्वर तथा मृदु व्यंजन ।

हल् अक्षर =माहेश्वर सूत्र 5, 6, 7, 8, 9, 10, 11, 12, 13, 14 = सभी व्यंजन ।

उदा॰

भोस् देवाः →8.2.66→ भोरुँ देवाः →8.3.17→ भोय् देवाः→8.3.22→ भो देवाः ।

रामस् जयति →8.2.66→ रामरुँ जयति →8.3.17→ रामय् जयति →8.3.22→ राम जयति ।

25e रुत्व संधि विस्तार = पदान्त स् → रुँ → य् → लोप वैकल्पिक

8.3.19 लोपः शाकल्यस्य । अपूर्वयोः पदस्य व् / य् अशि परे विकल्पेन लोपः ।

ध्यान दें

- पदान्त अवर्ण + रुँ + अश् → 8.3.17 → पदान्त अवर्ण + य् + अश् → 8.3.19 → पदान्त अवर्ण + अश्

अश् अक्षर = माहेश्वर सूत्र 1, 2, 3, 4, 5, 6, 7, 8, 9, 10 = सभी स्वर तथा मृदु व्यंजन ।

उदा॰ रामस् इच्छति →8.2.66→ रामरुँ इच्छति →8.3.17→ रामय् इच्छति →8.3.19 → राम इच्छति । पक्षे रामयिच्छति ।

26 सुँ लोप संधि

6.1.132 एतत्तदोः सुलोपोऽकोरनञ्समासे हलि । एतद् / तद् परे सुँ लोपः हलि परे अकोः / अनञ् समासे ।

ध्यान दें

- एतद् + सुँ + हल् → 6.1.132 → एतद् + सुँ + हल्
- तद् + सुँ + हल् → 6.1.132 → तद् + सुँ + हल्

हल् अक्षर = माहेश्वर सूत्र 5, 6, 7, 8, 9, 10, 11, 12, 13, 14 = सभी व्यंजन ।

निमित्त

अकार या नञ् समास के अभाव की स्थिति में ।

उदा॰

एष + सुँ → एषस् ।

एषस् बालकः → 6.1.132 → एष बालकः ।

(सुँ विभक्ति का लोप चूंकि व्यंजन पर है)

प्रति उदा॰

एषस् ईश्वरः → एषः ईश्वरः । (सुँ विभक्ति का लोप नहीं हुआ चूंकि स्वर पर है)

27 ध् अक्षर का द्वित्व संधि = अनचि च

8.4.47 अनचि च । स्वरः परस्य यर्-वर्णस्य विकल्पेन द्वित्वं यद अग्रे स्वरः नास्ति ।

ध्यान दें
- अच् + यर् ➜ 8.4.47 ➜ अच् + यर् + यर् (विकल्पेन)

अच् अक्षर = माहेश्वर सूत्र 1, 2, 3, 4 = सभी स्वर ।

यर् अक्षर = माहेश्वर सूत्र 5, 6, 7, 8, 9, 10, 11, 12, 13 = सभी व्यंजन ह् बिना ।

निमित्त
यर् के परे अच् न हो । इसका मतलम यर् संयुक्त अक्षर है ।

उदा॰ विशेष रुप से इस स्थिति में

सुधी + उपास्य ➜ यण् संधि ➜ सुध् य् उपास्य ➜ 8.4.47 ➜ सुध् ध् य् उपास्य ➜ सुध्ध्युपास्य । पक्षे सुध्युपास्य ।

ध्यान दें
सुध्ध्युपास्य में आगे संधि ➜ 8.4.53 झलां जश् झशि ➜ अंतिम रूप बनेगा सुद्ध्युपास्य ।

इसी तरह
दद्ध्यत्र । मद्ध्वत्र । मद्ध्वरिः ।

28 यर् अक्षर का द्वित्व संधि = अचो रहाभ्यां द्वे = वैकल्पिक

8.4.46 अचो रहाभ्यां द्वे । अचः परस्य रेफ / हकार ताभ्याम् परस्य यरः द्वे वा स्तः ।

ध्यान दें

- अच् + र् + यर् → 8.4.46 → अच् + र् + यर् + यर् (विकल्पेन)
- अच् + ह् + यर् → 8.4.46 → अच् + ह् + यर् + यर् (विकल्पेन)

अच् अक्षर = माहेश्वर सूत्र 1, 2, 3, 4 = सभी स्वर ।

यर् अक्षर = माहेश्वर सूत्र 5, 6, 7, 8, 9, 10, 11, 12, 13 = सभी व्यंजन ह् बिना ।

उदा॰

विशेष रुप से इस स्थिति में

हरि अनुभवः । getting a divine experience.

→यण् संधि → हर् य् अनुभवः → 8.4.46 → हर् य् य् अनुभवः → हर्य्यनुभवः ।

पक्षे हर्यनुभवः ।

नहि अस्ति । surely not!

→ यण् संधि → नह् य् अस्ति → 8.4.46 → नह् य् य् अस्ति → नह्य्यस्ति ।

पक्षे नह्यस्ति ।

29 पूर्व यम् अक्षर लोप संधि = हलो यमां यमि लोपः = वैकल्पिक

8.4.64 हलो यमां यमि लोपः । हल् परस्य यम्-वर्णस्य यम्-वर्णे परे विकल्पेन लोपः ।

ध्यान दें

- हल् + यम् + यम् → 8.4.64 → हल् + यम् (विकल्पेन)

हल् अक्षर =माहेश्वर सूत्र 5, 6, 7, 8, 9, 10, 11, 12, 13, 14 = सभी व्यंजन ।

यम् अक्षर = माहेश्वर सूत्र 5, 6, 7 = अन्तःस्थ तथा अनुनासिक ।

उदा॰

विशेष रुप से इस स्थिति में

आदित्यः देवता अस्य Aditya (Sun) this deity.

→ 4.1.85 दित्यदित्यादित्यपत्युत्तरपदाण्ण्यः → आदित्य + ण्य → इत् लोप → आदित्य + य → 6.4.148 यस्येति च → आदित्य् य → 8.4.64 → आदित् य = आदित्य । पक्षे आदित्य्यः ।

30 पदान्त संयुक्त लोप संधि = संयोगान्तस्य लोपः

8.2.23 संयोगान्तस्य लोपः । संयोगान्तस्य पदस्य अन्तिम वर्णस्य लोपः ।

वा॰ यणः प्रतिषेधो वाच्यः ।

जब पद के अंत में संयुक्त अक्षर हो तब अंतिम अक्षर का लोप होता है ।

वार्तिककार के मत में लोप नहीं होता अगर प्रक्रिया में यण् आदेश हुआ हो ।

उदा॰

कृतवान्त् । → 8.2.23 → कृतवान् । The one who did.

विद्वान्स् । → 8.2.23 → विद्वान् । Scholar.

31 सवर्ण झर् लोप संधि = झरो झरि सवर्णे = वैकल्पिक

8.4.65 झरो झरि सवर्णे। हलः परस्य झर्-वर्णस्य लोपः सवर्णे झर्-वर्णे परे विकल्पेन।

ध्यान दें

- हल् + झर् + सवर्ण झर् → 8.4.65 → हल् + झर् (विकल्पेन)

हल् अक्षर = माहेश्वर सूत्र 5, 6, 7, 8, 9, 10, 11, 12, 13, 14 = सभी व्यंजन।
झर् अक्षर = माहेश्वर सूत्र 8, 9, 10, 11, 12, 13 = अन्तःस्थ तथा अनुनासिक तथा हकार के अतिरिक्त बाकी व्यंजन।

उदा॰

कृष्ण + ऋद्धिः → कृष्णर्द्धिः → 8.4.65 → कृष्णर्धिः। पक्षे कृष्णर्द्धिः।

32 अनुनासिकत्वम् संधि = यर् अक्षर → ञम् अक्षर

8.4.45 यरोऽनुनासिकेऽनुनासिको वा । पदान्तस्य यरः अनुनासिके परे अनुनासिकः वा स्यात् ।

ध्यान दें

- पदान्त यर् + ञम् → 8.4.45 → पदान्त तदनुसार ञम् + ञम् (विकल्पेन)
- अपदान्त यर् + ञम् → 8.4.45 → अपदान्त तदनुसार ञम् + ञम् (नित्यम्)

यर् अक्षर = माहेश्वर सूत्र 5, 6, 7, 8, 9, 10, 11, 12, 13 = सभी व्यंजन ह् बिना ।

ञम् अक्षर = माहेश्वर सूत्र 7 = ङ् ञ् ण् न् म् सभी अनुनासिक व्यंजन ।

उदा॰

चिद् मयाः → 8.4.45 → चिन् मयाः । पक्षे चिद् मयाः ।

य् ल् व् के अनुनासिक के परिस्थापन अक्षर यँ् लँ् वँ् किंतु रेफ का नहीं है ।

अनुनासिकत्वम्

जगत् नाथः --------------→ जगन् नाथः → जगन्नाथः ।
सन्धिः

जश्त्वम् अनुनासिकतवम्

यत् मिथ्या -----------→ यद् मिथ्या --------------→ यन् मिथ्या → यन्मिथ्या
सन्धिः सन्धिः

चिद् मयाः → चिन् मयाः → चिन्मयाः	तद् मयाः → तन् मयाः → तन्मयाः	सद् मात्रम्→ सन् मात्रम्→ सन्मात्रम्

एतत् मे संशयं कृष्ण → एतन्मे संशयं कृष्ण

यस्मान्नोद्विजते लोको लोकान्नोद्विजते च यः । Gita 12.15

यस्मात् नो → यस्मान् नो , लोकात् नो → लोकान्नो ।

33 लत्व संधि तोर्लि = तु+ ल्

8.4.60 तोर्लि । तोः (= तु) लि (= लकार) परे परसवर्णः स्यात् ।

तवर्ग + ल् → लस्य सवर्ण + ल् = ल् + ल् । लँ् + ल् ।

<u>ध्यान दें</u>

- लस्य सवर्ण = दन्त्य या दन्त्य अनुनासिक ।

स्थानी	निमित्त	आदेश	साम्य
त्	ल्	ल्	दन्त्य । तत्+लयः → तल् लयः । the dissolution of that
थ्	ल्	ल्	दन्त्य । तद् लाभः → तल् लाभः ।
द्	ल्	ल्	दन्त्य । उद् + लेखः → उल्लेखः । description
ध्	ल्	ल्	दन्त्य ।
न्	ल्	लँ्	दन्त्य अनुनासिक । न् + ल् → लँ् + ल् । श्रद्धावाँल्लभते । चंद्रबिंदु लकार पर है, वकार पर नहीं = श्रद्धावालँ्लभते

श्रद्धावान् लभते ज्ञानम् → श्रद्धावाँल्लभते ज्ञानम् । Bhagavad Gita 4.39

34 विस्तार सवर्ण झय् + ह् → झय् + घ् = वैकल्पिक

8.4.62 झयो होऽन्यतरस्याम् । झयः परस्य हस्य पूर्वसवर्णः अन्यतरस्याम् ।

झय् + ह् → झय् + पूर्व सवर्ण । वैकल्पिक ।

ध्यान दें

झय् अक्षर=माहेश्वर सूत्र 8, 9, 10, 11, 12=वर्ग व्यंजन का 1st, 2nd, 3rd, 4th ।

ह् = कण्ठ्य महाप्राण ।

We know that ह् is spoken from the Throat, and it is Aspirated. So those class consonants that are either spoken from the throat or aspirated will fit. In case of क् ख् ग् घ् all are from Throat, but ख् घ् are aspirated. Similarly in case of च् छ् ज् झ् none from throat but छ् झ् are aspirated. It is also known that by जश्त्वम् Sandhi, a word will end in the 3rd class consonant. So we will not have a word ending in ख्, that leaves only घ् from the first row as a close letter to ह् । Similarly for the second row of class consonants, we are left with only झ् ।

Thus our equivalence table becomes

स्थानी	आदेश = पूर्वसवर्ण झय्	निमित्त	साम्य
ह्	घ्	झय् + ह्	कण्ठ्य महाप्राण । वाग् + हरिः → वाग् घरिः → वाग्घरिः । *Lord of speech, Brihaspati*
ह्	झ्	झय् + ह्	महाप्राण । अच् हीनम् → जश्त्वम् → अज्

			हीनम् → 8.4.62 → अज्झीनम् ।
ह्	ढ्	झय् + ह्	महाप्राण । मधुलिड् हस्ति → मधुलिड् ढस्ति ।
ह्	ध्	झय् + ह्	महाप्राण । समुद् हर्ता → समुद् धर्ता ।
ह्	भ्	झय् + ह्	महाप्राण । गुप् हस्ति → जश्त्वम् → गुब् हस्ति → 8.4.62 → गुब् भस्ति ।

35 पदान्त झय् + श् + अट् → झय् + छ् + अट् = वैकल्पिक छत्वम्

8.4.63 शश्छोऽटि । झयः परस्य शस्य छः अटि परे अन्यतरस्याम् ।

पदान्त झय् + श् + अट् → पदान्त झय् + छ् + अट् । वैकल्पिक ।

ध्यान दें

झय् अक्षर = माहेश्वर सूत्र 8, 9, 10, 11, 12 = वर्ग व्यंजन का 1st, 2nd, 3rd, 4th ।

अट् अक्षर = माहेश्वर सूत्र 1, 2, 3, 4, 5 = सभी स्वर तथा ह् य् र् व् ।

उदा॰

यच्छेत् शान्ते आत्मनि → 8.4.63 → यच्छेत् छान्ते आत्मनि ।

आगे और संधियां होंगी ।

यच्छेत् छान्ते आत्मनि → श्चुत्वम् → यच्छेच् छान्ते आत्मनि = यच्छेच्छान्ते आत्मनि

→ अयाव् संधि → यच्छेच्छान्त् अय् आत्मनि → य् लोप संधि → यच्छेच्छान्त आत्मनि ।

श्रीमत् + शरच्चन्द्रः → श्रीमच्छरच्चन्द्रः । पक्षे श्रीमच्शरच्चन्द्रः ।

36 विशिष्ट संधि, स् → थ्

8.4.61 उदः स्थास्तम्भोः पूर्वस्य । उद् उपसर्गात् परस्य स्था / स्तम्भ् धातोः सकारस्य पूर्वसवर्ण आदेशः भवति ।

- उद् + स्था → उद् + सकारस्य पूर्वसवर्ण + था = उद् + ध् + था ।
- उद् + स्तम्भ् → उद् + सकारस्य पूर्वसवर्ण + तम्भ् = उद् + ध् + तम्भ् ।

ध्यान दें

स् = उष्ण । अल्पप्राण । कठोर ।

द् = दन्त्य । पूर्वसवर्ण त् थ् द् ध् न् में साम्य थ् = अल्पप्राण । कठोर ।

उदा॰ उद् + स्थानम् → उद्थ्थानम् ।

आगे 8.4.65 → उद्थानम् → 8.4.55 → उत्थानम् ।

36a विशिष्ट संधि, त् / थ् → ध्

8.2.40 झषस्तथोर्धोऽधः । धातूनाम् अन्तिम झष् अक्षर परस्य तकार-थकारयोः स्थाने धकारः आदेशः भवति, धा-धातुं वर्जयित्वा ।

- धातु का अंतिम झष् अक्षर + त् → धातु का अंतिम झष् + ध् ।
- धातु का अंतिम झष् अक्षर + थ् → धातु का अंतिम झष् + ध् ।

ध्यान दें

झष् अक्षर = माहेश्वर सूत्र 8, 9 = वर्ग व्यंजन का 4th अक्षर ।

धा धातु आकार अन्त है, झष् अन्त नहीं, किन्तु 3c गण का होने के कारण द्वित्वम् से “धा” का “धध्” बनता है जो झष् अन्त है ।

उदा॰ क्त निष्ठा प्रत्यय प्रथमा एकवचन विभक्ति ।

लभ्^{1cA} + क्त + सुँ → लभ् + तः → 8.2.40 → लभ् + धः → 8.4.53 → लब्धः । Obtained

36b विशिष्ट षत्व संधि

8.2.36 व्रश्चभ्रस्जसृजमृजयजराजभ्राजच्छशां षः । व्रश्च् भ्रस्ज् सृज् मृज् यज् राज् भ्राज् एते धातूनाम् , छकारान्त / शकारान्त धातूनाम् च षकारादेशः झलि परतः पदान्ते च ।

धातु व्रश्च् भ्रस्ज् सृज् मृज् यज् राज् भ्राज् + झल् → अंतिम अक्षर ष् + झल् ।

धातु छकारान्त + झल् → धातु षकारान्त + झल् ।

धातु शकारान्त + झल् → धातु षकारान्त + झल् ।

धातु व्रश्च् भ्रस्ज् सृज् मृज् यज् राज् भ्राज् पदान्ते → अंतिम अक्षर ष् पदान्ते ।

धातु छकारान्त पदान्त शब्द → धातु षकारान्त पदान्त शब्द ।

धातु शकारान्त पदान्त शब्द → धातु षकारान्त पदान्त शब्द ।

उदा॰

झल् परतः

धातु + तुमुन् प्रत्यय ।

व्रश्च् → व्रष्टुम् । भ्रस्ज् → भ्रष्टुम् ।

छकारान्त प्रच्छ → प्रष्टा । प्रष्टुम् ।

शकारान्त लिश् → लेष्टा । लेष्टुम् ।

पदान्ते

परौ व्रजेः षः पदान्ते । परिव्राट् ।

36c विशिष्ट धत्व संधि

8.2.34 नहो धः । धातु नह् हकारस्य धकारादेशः भवति झलि परे पदान्ते च ।

धातु णह बन्धने + झल् → अंतिम अक्षर ध् + झल् ।

धातु णह बन्धने पदान्ते → अंतिम अक्षर ध् पदान्ते ।

उदा०

<u>झल् परे</u>

नह् + क्त → 8.2.34 → नध् त → 8.2.40 → नध् ध → 8.4.53 → नद् ध = नद्ध ।

नद्ध + सुँ → नद्धम् ।

इसी प्रकार नह् + तुमुन् → नद्धुम् ।

<u>पदान्ते</u>

उप + णह् + क्विप् + सुँ → 6.1.65 णो नः → उपानह् → 8.2.34 → उपानध् → 8.2.39 → उपानद् → 8.4.55 उपानत् / उपानद् ।

36d विशिष्ट घत्व संधि

8.2.32 दादेः धातोः घः । द्-आदि-धातोः अन्तिम् हकारस्य घकारादेशः भवति झलि परतः पदान्ते च ।

द्-आदि धातु का अंतिम ह् + झल् → अंतिम अक्षर घ् + झल् ।

द्-आदि धातु का अंतिम ह् पदान्ते → अंतिम अक्षर घ् ।

उदा०

<u>झल् परे</u>

दह् + क्त / तुमुन् / अनीयर् → 8.2.32 → दघ् + क्त / तुमुन् / अनीयर् → आगे और संधियों से → दग्धा । दग्धुम् । दग्धव्यम् ।

<u>पदान्ते</u>

दुह् + सुँ → 6.1.68 → दुह् । → 8.2.32 → दुघ् । आगे और संधियों से → धुक् / धुग् ।

विसर्ग संधि

<u>संक्षेपाक्षर</u>
AV = स्वर = अच्
SC = मृदु व्यंजन = Voiced = घोष
HC = कठोर व्यंजन = unVoiced = अघोष
रेफ = र्

<u>कुछ आवश्यक सूत्र</u>
8.2.66 ससजुषोः रुँ । सकार → रुँ ।
- पदान्त सकार → रुँ = र् (इत् लोप)
- सजुष् → रुँ = र् ।

8.3.15 खर् अवसानयोः विसर्जनीयः । विसर्ग का निर्माण ।
- पदान्त रेफ + कठोर व्यंजन खर् = रेफ का विसर्ग ।
- पदान्त रेफ + विराम = रेफ का विसर्ग ।

8.3.16 रोः सुपि । रुँ का रेफ + सप्तमी बहुवचन विभक्ति = रेफ का विसर्ग ।

8.3.34 विसर्जनीयस्य सः । विसर्ग + कठोर व्यंजन खर् = विसर्ग का सकार ।

37 से 49 विसर्ग संधि नियम

37. Visarga [preceded by अ and followed by अ] changes to ओ. The following अ is dropped.

    शिवः अहम् → शिवो हम् *I am Shiva/ the Shiva principle is in me*

    Note: the following अ instead of being just dropped may be written as avagraha ऽ , this is optional.

    शिवः अहम् → शिवोऽहम् **The avagraha is not pronounced while chanting.** (also see Purvarupa Sandhi for avagraha)

38. Visarga [preceded by अ and followed by any vowel except अ] is dropped. The following vowel remains. There is no further sandhi.

    रामः इच्छति → राम इच्छति (no further guna sandhi) *Rama wishes*

    रामः आगच्छति → राम आगच्छति (no further guna) *Rama returns*

    राजानः आरोग्यम् शंसन्ति → राजान आरोग्यम् शंसन्ति *Kings praise health*

    वेदाविनाशिनं नित्यं य एनमजमव्ययम् । Gita 2.21

    The gyani who knows the indestructibility of this one, its eternalness, its unborn nature, and its unchangeability

39. Visarga [preceded by अ and followed by soft consonant] changes to ओ. The following soft consonant remains.

    नमः नारायणाय → नमो नारायणाय *we bow to Narayana*

    नमः रामाय → नमो रामाय *we bow to Rama*

    नमः दुर्गायै → नमो दुर्गायै *we bow to Durga*

    नासतः विद्यते ... → नासतो विद्यते ... *untruth exists not...Gita 2.16*

    नासतः विद्यते भावः नाभावः विद्यते सतः →

    नासतो विद्यते भावो नाभावो विद्यते सतः । *Of untruth manifests nothing; of truth springs no unreal* [Bhagavad Gita 2.16]

40. Visarga [preceded by आ and followed by any vowel or soft consonant] is dropped. The following vowel or soft consonant remains. There is no further sandhi.

नराः अर्चन्ति → नरा अर्चन्ति (no further dirgha sandhi) *Men worship*

नराः आगच्छन्ति → नरा आगच्छन्ति (no further dirgha) *Men return*

नराः गच्छन्ति → नरा गच्छन्ति *Men go*

नराः हरन्ति → नरा हरन्ति *Men take away*

41. Visarga preceded by आ and followed by any vowel or soft consonant is dropped.

बालाः अत्र > बाला अत्र girls here

ताः गच्छन्ति > ता गच्छन्ति they (girls) go

42. Visarga [preceded by any vowel except अ, आ and followed by any vowel or soft consonant except र्] is replaced by repha. The following letter remains.

गणपतिः अवतु → गणपतिर् अवतु → गणपतिरवतु *may Ganapati protect him*

गुरुः इति उवाच → गुरुर् इति उवाच → गुरुरिति उवाच *Guru thus said*

गुरुः उवाच → गुरुर् उवाच → गुरुर्वाच *Guru said*

गुरुः ब्रह्मा → गुरुर् ब्रह्मा → गुरुर्ब्रह्मा *Guru is Brahman*

गुरुः नयति → गुरुर् नयति → गुरुर्नयति *Guru leads (shows the way)*

43. 8.3.37 कुप्वोः ᳵक ᳵपौ च । Visarga [preceded by any vowel and followed by the hard consonant क्, ख्] is replaced by ardhavisarga. This replacement is optional. The following letter remains. This Ardhavisarga is called jihvamuliya and is pronounced as "**h**" ह्

रामः करोति → रामᳵ करोति *Rama does*

रामयोः कुरुतः → रामयोᳵ कुरुतः *of both Ramas is done*

गुरुः खनति → गुरु× खनति *the master digs*

exception अः + क् → अस्क् e.g. नमः करोति → नमस्करोति ।

Further this Sutra says –

Visarga [preceded by any vowel and followed by the hard consonant प् , फ्] is replaced by ardhavisarga ×. This replacement is optional. The following letter remains.

This ardhavisarga is called upadhmaniya and uttered as "**f**" फ्

मातरः पचन्ति → मातर× पचन्ति *mothers cook*

वृक्षः फलति → वृक्ष× फलति *a tree flowers /bears fruit*

कथं स पुरुष× पार्थ कं घातयति हन्ति कम् ॥or

कथं स पुरुषः पार्थ कं घातयति हन्ति कम् ॥ Gita 2.21

O Partha, How could man prepare a killing and whom could he kill?

माधवः पाण्डवश्चैव ... → माधवः पाण्डवश्चैव ... *Madhav; and Pandu's son* [Bhagavad Gita 1.14]

Note: In writing, the ardhavisarga rules are followed **sometimes** in the Bhagavad Gita and sometimes not. However during chanting or uttering the sentence, the rule is **applied** i.e. in the pronunciation the ardhavisarga is always pronounced correctly, viz '**h**' or '**f**' as the case may be.
Even though a visarga is printed instead of the ardhavisarga, remembering the sandhi rules, during chanting, the ardhavisarga is chanted.

44. 8.3.35 शर्परे विसर्जनीयः।

However when the letter following the क् , ख् , प् , फ् is a शर् sibilant,

then the Ardhavisarga does not apply.

Condition – Visarga +क् / ख् / प् / फ् + शर् → Visarga remains.

e.g. पुरुषः क्षुरम् । पुरुषः क् ष् (शर् letter).

Another exception अः + प् → अस्प् ।

45. 8.3.34 विसर्जनीयस्य सः । Visarga [preceded by Any Vowel and followed by the hard consonant छव् Maheshwar Sutra 11 च् छ् ट् ठ् त् थ् or sibilant शर् Maheshwar Sutra 12 श् ष् स्] is replaced by सकार. This सकार then undergoes further sandhi changes.

i) AV ः च् → AV स् च् → the स् is further replaced by श्
Similarly AV : छ् → AV स् छ् → the स् is further replaced by श्
e.g. रामः च → रामस् च → रामश् च → रामश्च *Rama and*

ii) AV ः ट् → AV स् ट् → the स् is further replaced by ष् ।
Similarly AV : ठ् → AV स् ठ् → the स् is further replaced by ष् ।
e.g. रामः टीकते → रामस् टीकते → रामष् टीकते → रामष्टीकते *Rama walks*

iii) AV ः त् → AV स् त् → the स् is further replaced by स् ।
Similarly AV ः थ् → AV स् थ् → the स् is further replaced by स् । Note:- this could also be stated thus – visarga is replaced by सकार and no further change ! e.g. रामः तेजस्विन् → रामस् तेजस्विन् → रामस्तेजस्विन् *radiant Rama.* e.g. नमः ते → नमस् ते → नमस्ते *bow to thee*

iv) AV : श् → AV स् श् → the स् is further replaced by श् or by visarga! Note:- this could also be stated thus – visarga followed by श् no change ! e.g. नमः शिवाय → नमस् शिवाय →

नमश् शिवाय → नमश्शिवाय *We prostrate to Shiva* or ➞ नमः शिवाय I Optional.

v) AV : ष् → AV स् ष् → the स् is further replaced by ष् or by visarga!
Note:- this could also be stated thus – visarga followed by ष् no change !

e.g. नमः षण्मुखाय → नमस् षण्मुखाय → नमष् षण्मुखाय ➞ नमष्षण्मुखाय *We prostrate for Shanmukha (another name for Kartikeya, the six faced, since he had six mothers).* or ➞ नमः षण्मुखाय

vi) AV : स् → AV स् स् → the स् is further replaced by स् or by visarga! Note:- this could also be stated thus – visarga followed by स् no change ! e.g. नमः सदाशिवाय → नमस् सदाशिवाय → नमस्सदाशिवाय *We prostrate for EternalShiva.* or → नमः सदाशिवाय

vii AV : क्ष् → AV स् क्ष् → the स् is further replaced by visarga. Note:- this could also be stated thus – visarga followed by क्ष् no change ! e.g. तपोभिः क्षीणपापानाम् ➞ तपोभिस् क्षीणपापानाम् ➞ तपोभिः क्षीणपापानाम् *With self-disciplines sins reduce.*
Note:- this rule is basically under the hard consonant rule, and is an extension to AV : क् I In the sense that we are taking AV : **the conjunct consonant** क् ष् i.e. क्ष् , Compare that rule AV : क् → AV ᳵ क् ardhavisarga results, whereas AV : क् ष् → AV : क्ष् visarga results.

46. Visarga appears when final repha is followed by खर् letter or a virama.

   8.3.15 खर्-अवसानयोः विसर्जनीयः । In the condition of a word ending in र् + खर् letter, the र् is replaced by visarga. Also in the condition of a word ending in र् followed by a fullstop, the र् is replaced by visarga. This rule is also used to apply for the sutra 6.1.85 अन्तादिवच्च ।

47. Visarga Rule when final repha is in the picture. Stated as:
   A final repha that is followed by a repha, is dropped;
   and the preceding vowel in case it is अ , इ or उ is lengthened.

   Here the vowels ए, ओ are not lengthened, because each of these is

   already "long" by default. What about the vowels ऋ , ऌ ?

   AV : र् → AV र्

   e.g. हरिः रम्यः → हरिर् रम्यः → हरी रम्यः *repose in the Lord (the Lord rejoices)*

   e.g. पुनर् रमते → पुना रमते → पुनारमते *again he plays (again he enjoys In the Self)*

   e.g. निर् रक्तः → नी रक्तः → नीरक्तः *without colour (without spirits)*

Note: What is a final repha? A पदान्त र् is from two sources:

- From a visarga (by definition of visarga)
- Naturally occurring in an indeclinable (eg पुनर् , निर् , आन्तर्)

---

48. Visarga Rule when a particular final सकार is in the picture. Stated as: The nominative singular case of pratipadika तद् and एतद् in masculine is सः and एषः respectively. Here the visarga is a पदान्त सकार of the masculine 1/1 case suffix सुँ [स्]. The

visarga in the 1st case singular suffix of सः and एषः is dropped when a consonant follows.

सः ददाति → स ददाति *He gives (the 'He' standing over there)*

सः वदति → स वदति *He speaks (the 'He' standing over there)*

एषः ददाति → एष ददाति *He gives (the 'He' standing close by)*

एषः वदति → एष वदति *He speaks (the 'He' standing close by)*

कथं स पुरुषः पार्थ कं घातयति हन्ति कम् ॥ Bhagavad Gita 2.21

O Partha, How could a man fashion-a-killing and who could he kill?

49. Visarga [preceded by अ and followed by hard consonant] remains. The following hard consonant remains.

ततः शङ्खाश्च ... → ततः शङ्खाश्च ... *Then conches and* [Gita 1.13]

विसर्ग संधि सारांश

पदान्त रेफ का विसर्ग । पदान्त सकार का विसर्ग ।

	स्थानी	पर में	संधि	टिप्पणी
37	अः	अ	ओऽ	पर अकार का लोप । सः अपि > सोऽपि
38	अः	इच् (कोई स्वर अकार को छोड़कर)	अ इच्	विसर्ग का लोप । आगे संधि नहीं ।
39	अः	हश् (मृदु व्यंजन = घोष)	ओ हश्	छात्रः वदति > छात्रो वदति ।
40	आः आः	+ अच् (स्वर) + हश् (घोष)	आ अच् आ हश्	विसर्ग का लोप । बालाः अत्र > बाला अत्र । ताः गच्छन्ति > ता गच्छन्ति ।
41	इच् :	अच् हश्	इच् र् अच् इच् र् हश्	विसर्ग का रेफ । पुनः गच्छति → पुनर्गच्छति । मुनिः इति > मुनिर् इति।
42	अच् :	क् / ख्	अच् ◌ᳵ क् / ख्	विसर्ग का जिह्वामूलीय । वैकल्पिक ।

43	अच् :	प् / फ्	अच् ॅ प् / फ्	विसर्ग का उपध्मानीय । वैकल्पिक ।
	अः	क्	स् से परिस्थपित	नमः करोति > नमस्करोति ।
	अः	प्	स् से परिस्थपित	अपवाद
44	अच् :	छव् (बाकी अघोष) शर् (ऊष्मन)	अच् स् छव् अच् स् शर्	विसर्ग स् से परिस्थपित तथा आगे संधि । च् छ् - स् > श् । ट् ठ् - स् > ष् । त् थ् - स् > स् । श् - स् > श् । ष् - स् > ष् । स् - स् > स् ।
45	पदान्त र्	र्	र्	पूर्व रफ का लोप । पूर्व स्वर यदी अ, इ, उ तो दीर्घ । भूपतिर् राजते > भूपतिः राजते > भूपती राजते ।
46	पदान्त स् (शब्द सः तथा एषः)	हल्	स हल् एष हल्	विसर्ग लोप । सः गच्छति > स गच्छति ।

					एषः गच्छति > एष गच्छति ।
47	अव्यय पुनर् स्वर् प्रातर्	खर् विराम		पुनः खर् स्वः खर् प्रातः खर् पुनः । स्वर् । प्रातः ।	रेफ विसर्ग से परिस्थापित । आगे और संधि । पुनर् तावत् > पुनः तावत् > पुनस्तावत् ।
48	अव्यय पुनर् स्वर् प्रातर्	अच् हश्		पुनर् अच्/हश् स्वर् अच्/हश् प्रातर् अच्/हश्	पदान्त रेफ रहेगा ।
49	अव्यय अः	र्		अ र्	विसर्ग लोप । पुनः रमते → पुन रमते

ऋकरान्त प्रातिपदिक का सम्बुद्धि	कोई स्वर या मृदु व्यंजन	विसर्ग रेफ से परिस्थापित	पितृ > पित:[V/1] वन्दे > पितर्वन्दे

सत्व		अः	च् (छ्)	अश् च् (छ्)	कः चित् > कश्चित्
		अः	ट् (ठ्)	अष् ट् (ठ्)	रामः टीकते > रामष्टीकते
		अः	त् (थ्)	अस् त् (थ्)	नमः ते > नमस्ते

रुत्व		उः	अ	उर् अ	भानुः अयम् > भानुरयम्
		उः	ह	उर् ह	शत्रुः हन्ति > शत्रुर्हन्ति
		इः	ग	इर्ग	मुनिः गतः > मुनिर्गतः

लोप		अः	आ	अ आ	मोहनः आगच्छति > मोहन आगच्छति
		अः	इ	अ इ	मोहनः इच्छति > मोहन इच्छति
		आः	आ	आ आ	नराः आगच्छन्ति > नरा आगच्छन्ति
		आः	ग	आ ग	देवाः गच्छन्ति > देवा गच्छन्ति

अनुस्वार संधि

50 अनुस्वार संधि = पदान्त म् + हल् → अनुस्वार की उपस्थिति

8.3.23 मोऽनुस्वारः । पदान्त मकारस्य हलि परे अनुस्वार आदेशः भवति ।

8.3.24 नश्चापदान्तस्य झलि । अपदान्त नकारस्य / मकारस्य च झल् परे अनुस्वार आदेशः भवति ।

<u>ध्यान दें</u>

अनुस्वार मकार या नकार से उपस्थित होता है । यह नासिक्य ध्वनि है । इसे अयोगवाह कहते हैं, चूंकि यह माहेश्वर सूत्र में नहीं है परन्तु वर्णमाला में है ।

अनुस्वार मकार या नकार का व्यंजन पर होने से बनता है ।
यदि पर में स्वर हो तो अनुस्वार नहीं बनेगा ।
उदा॰

ग्रामम् + गच्छति → ग्रामं गच्छति । मकार का अनुस्वार बना ।

किंतु ग्रामम् + आगच्छति → अनुस्वार नहीं बनेगा ।

51 अनुस्वार संधि अपवाद = पदान्त म्+ह् → न्+ह्

8.3.27 नपरे नः । मस्य नः स्यात् हकारे + नकारे परे वा ।

उदा॰ किम् + ह्नुते → किन् ह्नुते । पक्षे किं ह्नुते ।

51a एक और अपवाद, पदान्त न्+स् → न् + ध् + स्

8.3.30 नश्च । नकार अन्तात् परस्य सस्य धुड् वा स्यात् ।

जब पदान्त न् के पर में स् , तब धुड् आगम वैकल्पिक ।

उदा॰ सन् + सः → सन् + ध् + सः = सन्ध्सः । पक्षे सन्सः ।

सन्ध्सः → आगे संधियों से → सन्त्सः ।

51b एक और अपवाद, पदान्त न् + श् ➡ न्+त्+श्

8.3.31 शि तुक् । नकार अन्तात् परस्य शस्य तुक् वा स्यात् ।

जब पदान्त न् + श् तब तुक् आगम । वैकल्पिक ।

उदा॰ भवान् + शेते ➡ भवान् + त् + शेते । पक्षे भवान् शेते ।

भवान् + त् + शेते ➡ आगे संधियों से ➡ भवाञ् च्शेते = भवाञ्छेते ।

52 अपदान्त अनुस्वार संधि

8.3.24 नश्चापदान्तस्य झलि ।

अपदान्त म् या न् अनुस्वार बनेगा जब झल् पर में हो ।

झल् अक्षर = माहेश्वर सूत्र 8, 9, 10, 11, 12, 13, 14 = व्यंजन वर्ग के 1st, 2nd, 3rd, 4th अक्षर तथा ऊष्मन ।

उदा॰ पयस् = water, milk, juice प्रथमा बहुवचन विभक्ति ।

पयस् + जस्$^{1/3}$ ➡ पयान्स् + इ ➡ पयान्सि ➡ पयांसि$^{n1/3}$

उपसर्ग आ + क्रम् धातु लृट् भविष्य काल रूप ।

आ + क्रम् + स्यते$^{iii/1}$ ➡ आ + क्रम्स्यते$^{iii/1}$ ➡ आ + क्रंस्यते$^{iii/1}$ ➡ आक्रंस्यते$^{iii/1}$

<u>ध्यान दें</u>

पदान्त न् का अनुस्वार नहीं बनेगा । रामान्$^{m2/3}$ । हे राजन्$^{V/1}$ ।

53 परसवर्ण अनुस्वारः संधि = अनुस्वार + यय् → परसवर्ण अनुनासिक + यय्

8.4.58 अनुस्वारस्य ययि परसवर्णः ।अनुस्वारस्य ययि परतः परसवर्णः आदेशः ।

अनुस्वार + यय् → यय् का परसवर्ण + यय्

यय् अक्षर = माहेश्वर सूत्र 5, 6, 7, 8, 9, 10, 11, 12 = वर्ग व्यंजन तथा अन्तःस्थ । यय् का परसवर्ण = अनुस्वार का परिस्थापन अक्षर = ङ् ञ् ण् न् म् यँ् लँ् वँ् ।

रेफ का अनुनासिक सवर्ण नहीं है ।

ध्यान दें

यह संधि पदान्त तथा अपदान्त दोनों में लागू ।

पदान्त में वैकल्पिक । अपदान्त में नित्य ।

उदा॰ पदान्त

ग्रामम् + गच्छति → 8.3.24 → ग्रामं गच्छति → 8.4.58 → ग्रामङ् गच्छति ।

पक्षे ग्रामम् गच्छति ।

ॐ त्र्यंबकं यजामहे → 8.4.58 → ॐ त्र्यम्बकयँ् यजामहे । पक्षे ॐ त्र्यम्बकं यजामहे ।

उदा॰ अपदान्त

अन्कितः → 8.3.24 → अंकितः → 8.4.58 → अङ्कितः ।

इसी प्रकार अञ्चितः । कुण्ठितः । शान्तः । गुम्फितः । क्त प्रत्यय से ।

ध्यान दें

लट् वर्तमान काल में प्रथमपुरुष एकवचन धातु सिच्[6cP] = to sprinkle

सिच्[6c]+श+ति → णुँ आगम → सिन्च् +अ+ ति → 8.3.24 → सिंच् +अ+ ति → 8.4.58 → सिञ्च् + अ + ति = सिञ्चति [iii/1 लट् कर्त्तरि] ।

सारांश

अनुस्वार + कवर्ग → ङ् + कवर्ग अक्षर

कं+कणः → क ङ् कणः = कङ्कणः। अं+कः → अ ङ् कः = अङ्कः।

अं+कितः → अ ङ् कितः = अङ्कितः। शं+का → श ङ् का = शंङ्का।

अनुस्वार + चवर्ग → ञ् + चवर्ग अक्षर

पं+चमः → प ञ् चमः = पञ्चमः। चं+चलः → च ञ् चलः = चञ्चलः।

गृं+जनः → गृ ञ् जनः = गृञ्जनः। व्यं+जनः → व्य ञ् जनः = व्यञ्जनः।

अनुस्वार + टवर्ग → ण् + टवर्ग अक्षर

कं+ठः → क ण् ठः = कण्ठः। पां+डुः → पा ण् डुः = पाण्डुः।

दं+डः → द ण् डः = दण्डः। पं+डितः → प ण् डितः = पण्डितः।

कुं+डली → कु ण् डली = कुण्डली। मं+डपः → म ण् डपः = मण्डपः।

अनुस्वार + तवर्ग → न् + तवर्ग अक्षर

शां+तः → शा न् तः = शान्तः। मं+त्रः → म न् त्रः = मन्त्रः।

यं+त्रः → य न् त्रः = यन्त्रः। कं+दुकः → क न् दुकः = कन्दुकः।

स्कं+धः → स्क न् धः = स्कन्धः।

अनुस्वार + पवर्ग → म् + तवर्ग अक्षर

जं+बुः → ज म् बुः = जम्बुः। कुं+भः → कु म् भः = कुम्भः।

स्तं+भः → स्त म् भः = स्तम्भः।

अनुस्वार + अन्तःस्थ → अनुनासिक अन्तःस्थ + अन्तःस्थ

ॐ त्र्यम्बकं यजामहे → ॐ त्र्यम्बकयँ् यजामहे।

54 अनुस्वार संधि विस्तार, परसवर्ण वैकल्पिक

8.4.59 वा पदान्तस्य । [अनुस्वारस्य ययि परसवर्ण:] Optionally, for a word ending in Anusvara, followed by a यय् letter, the Anusvara is replaced by the paraSavarna letter, i.e. nasal of the following class consonant. This sutra is saying that for a Final Anusvara followed by यय् the replacement is Optional. The previous sutra did not classify whether final or internal Anusvara. So this sutra clarifies that the paraSavarna replacement for final Anusvara is Optional whereas for internal Anusvara is mandatory.

यय् letter (all consonants except sibilants and aspirate)

E.g. ग्रामम् + गच्छति → ग्रामं गच्छति or ग्रामङ् गच्छति (ग्रामङ्गच्छति) ।
अयं + क्रीडति → अय ङ् क्रीडति → अयङ्क्रीडति ।
तृणं + चरति → तृण ञ् चरति → तृणञ्चरति ।
दानं + ददाति –> दान न् ददाति → दानन्ददाति ।

आनुनासिका संधि – चन्द्रबिंदु

55 आनुनासिका म् संधि - चन्द्रबिंदु

8.3.6 पुमः खय्यम्परे । पुम् शब्दस्य परः खय् परः अम् , रुँ स्यात् ।

Specifically for the word पुम् *that signifies masculine*, when followed by खय् that is further followed by अम् , nasalization happens. पुम् + खय् +अम् → पुँ + खय् + अम् ।

E.g. पुँस्कामा । पुस्स्कामा । पुंस्कामा । पुंस्स्कामा । We have alternate forms due to some other Optional Sandhis.

56 आनुनासिका न् संधि

देखें 8.4.60 तोर्लि । Specific condition न् + ल् → लँ् + ल् ।

56a आनुनासिका न् संधि = पदान्त न्+छव्+अम् → ँ: +छव्+अम्

8.3.7 नश्छव्य् अप्रशान्। नकारान्तस्य पदस्य परः छव् परः अम् , रुँ स्यात् । न तु प्रशान् शब्दस्य ।

When a पदान्त न् is followed by a छव् letter that itself is followed by an अम् letter, then the न् is replaced by a visarga and the preceding vowel gets an Anusvara ं as an agama or it gets nasalised ँ.

However this does not happen for the word प्रशान् ।

Definition of छव् letter – Maheshwar Sutra 11 – छ् ठ् थ् च् ट् त्
Ie the hard palatal, cerebral and dental consonants

Definition of अम् letter – Maheshwar Sutra 1,2,3,4,5,6,7
Ie all vowels, semivowels, nasals, aspirate

Eg Bhagavad Gita verse श्री भगवानुवाच

अशोच्यानन्वशोचस्त्वं प्रज्ञावादाँश्च भाषसे । 2.11
You grieve for those that are not to be grieved over

Let's see the word प्रज्ञावादाँश्च → प्रज्ञावादान् च → प्रज्ञावादान् च् अ → प्रज्ञावादाँ: च

पदान्त न्   छव् letter   अम् letter

→ प्रज्ञावादाँ: च → visarga sandhi → प्रज्ञावादाँस् च → ⊠चुत्वम् sandhi → प्रज्ञावादाँश् च -> → प्रज्ञावादाँश्च । Note- Visarga undergoes further sandhi rules of its own. e.g. तान्+च→ताः+च→तांश्च / ताँश्च ।

भ्रान्तिपूर्ण संधि – नकार को बिठाना

When adding a न् does not mean "No".

Usually in Sanskrit, a common Samasa is prefixing a अकार to any word. Known as नञ् Tatpurusha Samasa. 2.2.6 नञ् । This simply makes an antonym. Similarly insertion of the particle न्अ = न means "No".

E.g. सत्यम् Truth. न सत्यम् = असत्यम् Untruth.

E.g. सुख Joy. न सुख = दुःख Sorrow.

However in this Sandhi, we are not adding न । Rather we are adding नकार न् । And this is just a fluent way of speaking, without any change in meaning.

57 ङमुट् संधि = ङ् , ण् , न् का द्वित्व

8.3.32 ङमो ह्रस्वादचि ङमुण्नित्यम् [पदस्य] । ह्रस्वात् परः यः ङम् तदन्तं यत्पदं तस्मात् परस्य अचः ङमुड् आगमः नित्यं स्यात् । When the nasals ङ् , ण् , न् are preceded by a ह्रस्व-vowel and are followed by any vowel, then these nasals are doubled.

Precisely, the ह्रस्व-vowel gets a ङम् आगमः ।

Definition of ङम् letters – Maheshwar Sutra 7 – ङ् , ण् , न्
ie the guttural, cerebral and dental nasals

E.g. Bhagavad Gita verse सञ्जय उवाच
तमुवाच हृषीकेशः प्रहसन्निव भारत । 2.10
As though laughing with a smile the Lord of the senses said to him, O Bhaarata

see the word प्रहसन्निव → प्रहसन्न इव → प्रहसन् इव् अ → प्रहसन् न् इव

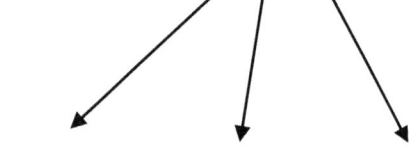

ह्रस्व-vowel   ङम् letter   any vowel

→ written as प्रहसन् निव → प्रहसन्निव ।

E.g. सगुण् ईशः । सग् उ ण् ईशः । सग् उ ण् न् ईशः । सगुण्णीशः ।

Similarly प्रत्यङ् आत्मा । प्रत्यङ्ङात्मा ।

58 आदेश संधि, षकार-आदि धातु , ष् → स्

6.1.64 धात्वादेः षः सः ।

An आदेश, Dhatus beginning with ष् , ष् → स्

Examples of some Dhatus

षच 1cA	सच्
ष्ठा 1c P	स्था
ष्णा 2cP	स्ना
षुञ् 5cU	सु
षान्त्व 10cU	सान्त्व्

संधि का निषेद

59 प्रकृतिभाव स्थिति = अच् + अच् → संधि निषेद = प्रगृह्यम् या प्लुत

6.1.125 प्लुतप्रगृह्या अचि नित्यम्। Normally seen for the 1st case dual form [1/2 vibhakti] of certain nouns. Similarly for the pluta form of short simple vowels, used when hailing someone from a distance. कृष्ण३ अत्र। When a word that is a प्रगृह्यम् (words that do not blend) occurs in the language, then vowel sandhi does not apply. Prakriti Bhava = residing in its own nature.

हरी[m1/2] + अत्र   the यण् sandhi does not apply because हरी is a प्रगृह्यम्
गुरू[m1/2] + इति   the यण् sandhi does not apply because गुरू is a प्रगृह्यम्
वने[n1/2] + इति   the अयाव् sandhi does not apply because वने is प्रगृह्यम्

Definition of प्रगृह्यम् various sutras 1.1.11 to 1.11.19

- **1.1.11 ईदूदेद्द्विवचनं प्रगृह्यम्।** first case dual nouns ending in ई, ऊ, ए, हरी[m1/2], गुरू[m1/2], वने[n1/2]
- **1.1.12 अदसो मात्।** and also when such vowels occur in declension of अदस् pratipadika, e.g. अमी+ईशाः।
- **1.1.14 निपात एकाजनाङ्।** any monosyllabic particle, e.g. अ (pronoun as in stem for इदम्) इ, उ (prefix meaning near or towards), हे (addressing someone as Hey!), except for the particle आङ्
- **1.1.15 ओत्।** any अव्यय indeclinable ending in ओ
- **1.1.16 सम्बुद्धौ शाकल्यस्येतावनार्षे।** e.g. अहो (addressing someone respectfully as O!), आहो, उताहो

Definition of प्लुतः 1.2.27 ऊकालोऽज्झ्रस्वदीर्घप्लुतः।

वेदिक संधि = स्वरों का शुद्ध उच्चारण

In the Vedic literature, there are many Upanishads and powerful mantras, e.g. the Namakam and Chamakam in Rudram. Various phonetic and euphonic combinations in such texts have been preserved by chanting them in a specific manner. The method of chanting varies from recension to recension or from family tradition to family tradition.

Notes on the letters of the Sanskrit alphabet and their characteristics have been mentioned in early texts known as प्रातिशाख्य Prātiśākhyas. These Pratiśakhyas are named Rigveda Prātiśākhya, Taittiriya Prātiśākhya, Vajasaneyi Prātiśākhya, etc. to denote the Vedic version or tradition. These texts serve to safeguard the exactness of chanting and thus help maintain the purity of the Vedas.

In the early ages, the principle mode of teaching was oral; students learned the texts by heart and passed them on to subsequent generations orally. In the modern print era, most of us rely on textbooks, thus it becomes critical for the academicians to hear the actual chanting and put it down in print, so as to enable the sanctity of the literature and continue the unbroken heritage. Vedic literature is replete with accents, named anudatta, udatta, svarita that vary the pitch during chanting. Apart from pitch, some letters of the alphabet are recited differently in certain situations, also many ayogavaha sounds can be heard clearly.

Some common sounds heard during recital of mantras and shlokas have been penned down to help researchers and serve the needs of pundits engaged in a gurukulam. In any case, Vedic chanting must be learnt from a qualified acharya in a proper school.

These sound connotations have been specified in the texts known as Śiksa or the texts known as Pratiśakhya. शिक्षा means correct enunciation, प्रातिशाख्य means for a particular recension of the Veda. The correct way of reciting or chanting are clearly given here.

e.g. Vajasaneyi Pratiśakhya of Katyayana, chapter 1.
स्वरसंस्कारयोश्छन्दसि नियमः । १ ।
वो दन्ताग्रैः । ८१ । वकार ओष्ठ्योऽपि दन्ताग्रकरणः स्यात् ॥ The semivowel व् is to be uttered from the lips and the teeth, both.

e.g. Rigveda Pratiśakhya, chapter 6.
अभिनिधानं कृतसंहितानां स्पर्शान्तस्थानामपवाद्य रेफम् ।
संधारणं संवरणं श्रुतेश्च स्पर्शोदयानाम् । १७ । Apart from row class consonants and the semivowel repha, the other semivowels undergo अभिनिधानं in close proximity with a following row class consonant. Restraining the enunciation संधारण and damping the volume संवरण of a letter is known as Abhinidhanam.

वेदिक स्वर = अनुदात्त उदात्त स्वरित ध्वनि

Accents used in Sanskrit verses increase the power and flow of the mantras during chanting.

Anudatta ‿ shown by an underline = अनुदात्तः = signifies base pitch.

Udatta = unmarked = उदात्तः = standard pitch.

Svarita = shown by a vertical bar = स्वरितः = high pitch.

Dirgha Svarita = shown by two vertical bars = दीर्घः स्वरितः = high to low to standard pitch.

Refer Vajasaneyi Pratiśakhya of Katyayana, chapter 1

व्यञ्जनँ स्वरेण सस्वरम् । १०७ । उच्चैरुदात्तः । १०८ । नीचैरनुदात्तः । १०९ । उभयवान्त्स्वरितः । ११० । *Though it seems here and in Panini's Ashtadhyayi it is mentioned that high pitch is Udatta, practically when we hear and learn the Vedic chanting, it is found that standard tone is Udatta. Svarita is high pitch. And Dirgha Svarita is going from high to low to normal pitch.*

अकार स्वर योग किसी व्यंजन के उच्चारण के लिये

अकारो व्यञ्जनानाम् । १.२१ Taittiriya Pratiśakhya of Mahiṣeya

ॐ का उच्चारण

- Refer text Taittiriya Pratiśakhya of Mahiṣeya, Book 2 Chapter 6

  ओकारं तु प्रणव एकेऽर्धतृतीयमात्रं ब्रुवते ॥ १ ॥

  Some chant the ओ in the sacred sound ॐ (ओम्) as long with $2^{1/2}$ unit duration. And the remaining ½ unit duration for the मकार ।

- Refer text Vajasaneyi Pratiśakhya of Katyayana, chapter 2

  प्रणवश्च । ५१ । प्रणवः सर्व-उदात्तः स्यात् । त्रि-मात्रश्च । यथा ओ३म् खं ब्रह्म । ओ३म् क्रतो स्मर ।

ऋगवेद उच्चारण

Refer Rigveda Pratiśakhya, chapter 1 संज्ञा-परिभाषा-पटलम् ।

जिह्वामूलं तालु चाचार्य आह । स्थानं डकारस्य तु वेदमित्रः ॥ ५१॥

द्वोश्चास्य स्वरयोर्मध्यमेत्य संपद्यते स डकारो ळकारः । ळ्हकारतामेति स एव चास्य ढकारः सन्नूष्मणा संप्रयुक्तः । इळा साळ्हा चात्र निदर्शनानि वीड्वङ्ग इत्येतदवग्रहेण ॥ ५२॥

Also refer text Vajasaneyi Pratiśakhya of Katyayana, chapter 4

डढौ ळळ्हावेकेषाम् । १४६ ।

- डकार chanted as ळकार ।

  अग्निम् ईडे पुरोहितम् → अग्निमीडे पुरोहितं → अग्निमीळे पुरोहितं ।

  Change of alpaprana consonant ड् to ळ् , when it is between two vowels. ईडे→ई ड् ए→ईळे । मृडय→म् ऋ ड् अ य→मृळय । स्वराड् इन्द्रो→स्वराळिन्द्रो ।

  अग्निमीळे पुरोहितं यज्ञस्य देवमृत्विजम् । होतारं रत्नधातमम् ॥ Rigveda 1.1.1

  यो अग्निं देववीतये हविष्माँ आविवासति । तस्मै पावक मृळय॥ Rigveda 1.12.9

  स्वराळिन्द्रो दम आ विश्वगूर्तः स्वरिरमत्रो ववक्षे रणाय॥ Rigveda 1.61.9

- Change of its mahaprana aspirated ढ to ळ्ह , when it is between two vowels. दृढा → द् ऋ ढ् आ → दृळ्हा ।

  अस्येदु भिया गिरयश्च दृळ्हा द्यावा च भूमा जनुषस्तुजेते । Rigveda 1.61.14

कृष्ण यजुर्वेद उच्चारण

Anusvara is technically of ½ matra or equivalent in length to a consonant during speaking. A simple vowel is the basic unit of duration and it is 1 matra time period. Anusvara अनु-स्वार means, that which follows अनु a स्वर vowel.

Refer text Siksha Sangraha स्वरभक्तिलक्षणपरिशिष्टशिक्षा verses

ꣳकारः स्यात् अनुस्वार-स्थाने शलि च रे परे ।

ह्रस्वात् दीर्घो भवेत् दीर्घात् ह्रस्वो गुरुरथो मतः ॥ १९

सँय्योगे परतो ह ꣳ स इत्यादि निदर्शनम् ।

ता ꣲ सवितुरित्यादि द ꣲ ष्ट्रेत्यादिकं तथा ॥ २०

Note (ꣲ = ꣴ), (ꣳ = ꣵ) as seen in ancient / recent texts.

Refer text Vajasaneyi Pratiśakhya of Katyayana, chapter 4

अनुस्वारं रोष्मसु मकारः । (अनुस्वारं र–उष्मसु मकारः) । १

अनुनासिका चोपधा । ४ । लोपं काश्यपशाकटायनौ । ५ ।

यथा अपां रसेन , पक्षे अपाꣴ रसेन । त्वां शश्वन्तः , पक्षे त्वाꣴ शश्वन्तः । यजूंषि , यजूꣴषि ।

तां सवितु , ताꣴ सवितु । त्वां हि , त्वाꣴ हि । अक्रंस्त , अक्र□स्त ।

- Anusvara followed by repha, sibilants, aspirate, or simple vowel.
  It is noted that the Vedic pundits chant an anusvara that is followed by
  र् , श् , ष् , स् , ह् , अक् as 1 matra in length. This can technically be represented as गकार + अनुस्वार = ग् ं । i.e. ग्ँ । A symbol for the same is given in some texts as ꣴ । The pronunciation sounds like "guṃ" or "gṃ", varying by family tradition. Few

example verses are given here.

शि॒वां गि॑रित्र॒ तां कु॑रु॒ मा हि॑ꣳसीः॒ꣳ पुरु॑षं॒ जग॑त् । Rudram 1st anuvaka.

विज्यं॒ धनुः॒ꣳ कप॒र्दिनो॒ विश॑ल्यो॒ बाण॑वाꣳ उ॒त । Rudram 1st anuvaka.

आ॒त्मा च॑ मे त॒नूश्च॑ मे॒ शर्म॑ च मे॒ वर्म॑ च मे॒ऽङ्गा॑नि च मे॒ऽस्थानि॑ च मे॒ परूꣳषि च मे॒ शरी॑राणि च मे ॥ १ ॥ Chamakam 1st anuvaka.

पुरु॑ष ए॒वेदꣳ सर्वं॓म् ॥ १ ॥ Purusha Suktam 1st verse.

अग्ने॒ कृत्वा॒ क्रतू॒ꣳ॒ रन॑ ॥ ७ ॥ Pavamaana Suktam.

- Anusvara followed by a conjunct consonant uttered as ग्ग् = ꣳ । Sounds like gg. Thus ं + श्च → ꣳश्च ।

  अहीꣳ॒श्च सर्वा॓ञ्ज॒म्भय॒न्त्सर्वा॓श्च यातुधा॒न्यः॑ । Rudram 1st anuvaka.

  व॒यꣳ॒ स्या॑म॒ पत॑यो र॒यीणाम् ॥ १० ॥ Pavamaana Suktam.

- Jihvamuliya जिह्वामूलीय

  Visarga followed by क् or ख् → ः + क् / ः + ख् is uttered as ह् । Symbolized as ×, it is called ardhavisarga or jihvamuliya (that which emanates from the root of the tongue).
  Thus ः + क् → ×क् । (except when followed by क् ष i.e. क्ष).

- Upadhmaniya उपध्मानीय

  Visarga followed by प् or फ् → ः + प् / ः + फ् is uttered as फ् । Symbolized as ×, it is called ardhavisarga or upadhmaniya.

  Thus ः + प् → ×प् ।

ॐ कात्यायनार्य विद्महें कन्यकुमारि धीमहि । तन्नों दुर्गिः प्रचोदयात् ।

ॐ तत्पुरुषाय विद्महें महादेवार्य धीमहि । तन्नों रुद्रः प्रचोदयात् । Rudram

धर्मक्षेत्रे कुरुक्षेत्रे समवेता युयुत्सवः ।

मामकाः पाण्डवाश्चैव किम् अकुर्वत सञ्जय ॥ १ ॥ Bhagavad Gita 1.1

- Visarga वि–सर्ग means a specially constructed वि सर्ग letter.
- Refer its sound variations given in chapter 3 of Vajasaneyi Pratisakhya of Katyayana. विसर्जनीयः । ६ । चछयोः शम् । ७ । यथा वाजः च मे , वाजश्च मे ।
- Anusvara followed by य् sounds like Nasalized य् → यँ् ।

  Thus ं + य् → य्यँ् ।

  ॐ त्र्यंम्बकयँ् यजामहे सुगन्धिं पुष्टिवर्धनम् । (त्र्यम्बकं यजामहे)

  उर्वारुकमिंव बन्धनान् मृत्योर् मुक्षीय माऽमृतात् ॥ Rudram

  अखण्डमण्डलाकारं व्याप्तयँ् येन चराचरम् । (व्याप्तं येन)

  तत्पदं दर्शितं येन तस्मै श्रीगुरवे नमः ॥ Guru Puja

  Refer text Vajasaneyi Pratiśakhya of Katyayana, chapter 4

  अन्तस्थामन्तस्थासु अनुनासिकां परसस्थानाम् । १० ।

  यथा संयम , सँय्यम । संयोग , सँय्योग ।

शुक्ल यजुर्वेद उच्चारण

- Anusvara followed by sibilants, aspirate, repha or simple vowel. A symbol for the same is given in some texts as ॱ or ꣳ । The pronunciation sounds like "guṃ".

- Anusvara followed by a conjunct consonant uttered as ग्ग् = ꣳ or ꣴ । Sounds like gg. Thus ं + श्च → ꣳश्च ।
- षकार uttered as खकार , if not followed by a dental consonant तवर्ग ।
- यकार uttered as जकार , written as symbol ष , at the beginning of a quarter verse, beginning of a word, etc.
- Refer text Śiksa Sangraha chapter लघुमाध्यन्दिनीया शिक्षा,

अथ शिक्षां प्रवक्ष्यामि माध्यन्दिनमतँय्यथा ।

षकारस्य खकारः स्याट्टुकयोगे तु नो भवेत् ॥ १

इषे लक्ष्यं कृष्णऽउक्षा समुद्रः प्रत्युदाहृतिः ।

पदादौविद्यमानस्य ह्यसँयुक्तस्य यस्य च ॥ २

आदेशो हि जकारः स्याद्युक्तः सन्हरणेन तु ।

यज्ञेन यज्ञं वैलक्ष्यं शष्प्याय प्रत्युदाहृतिः ॥ ३

chapterवर्णरत्नप्रदीपिका शिक्षा,

पादादौ च पदादौ च सँय्योग–अवग्रहेषु च ।

यः शब्द इति विज्ञेयो योऽन्यः स य इति स्मृतः ॥ २०४

युक्तेन मनसा यद्वत्तत्त्वा यामि तथापरम् ।

अनूकाशेन बाह्यञ्च योगे योगेनिदर्शनम् ॥ २०५

ग॒णानां॑न् त्वा ग॒णप॑तिꣳ हवामहे प्रि॒याणां॑न् त्वा प्रि॒यप॑तिꣳ हवामहे निधी॒नान् त्वां॑ निधि॒पतिं॑ꣳ हवामहे वसो मम । द्विप॑दा॒ याश् चतु॑ष्पदा॒स् त्रिप॑दा॒ याश् च॒ षट् प॑दाः । Rudra Ashtadhyayi 1st Chapter.

अयोगवाह ध्वनि

Ayogavaha अयोगवाह simply means a sound that does not have an independent existence. A sound that comes into being because of the proximity of specific letters of the alphabet when chanted in a flow.

The anusvara अं and the visarga अः are the two ayogavaha sounds in classical Sanskrit. Vedic Sanskrit includes many more as listed earlier, including the changes to anusvara and the ardhavisarga - jihvamuliya or upadhmaniya - due to visarga.

Refer text Vajasaneyi Pratiśakhya of Katyayana, chapter 8 अथातो वर्णसमाम्नायं व्याख्यास्यामः । १ । अथान्तस्थाः । १४ । यिति रिति लिति विति । १५ । अथोष्माणः । १६ । शिति षिति सिति हिति । १७ । अथायोगवाहाः । १८ । ᳵक इति जिह्वामूलीयः । १९ । ᳶप इत्युपध्मानीयः । २० । अं इत्यनुस्वारः । २१ । अः इति विर्जनीयः । २२ । हुँ इति नासिक्यः । २३ । अयम् ऋक्शाखायां प्रसिद्धः ॥ कुँ खुँ गुँ घुँ इति यमाः । २४ । यमसंज्ञका वर्णा विंशति–संख्याका भवन्ति ॥ एते पञ्चषष्टि–वर्णा ब्रह्मराशिरात्मवाचः । २५ । Thus this text enumerates 65 letters of the Vedic Sanskrit alphabet.

यम ध्वनि

Refer Taittiriya Pratiśakhya of Mahiṣeya, Book 2 Chapter 9

- स्पर्शात् अनुत्तमात् उत्तमपरात् आनुपूर्व्यान् नासिक्याः ॥ १२ ॥ तान् यम अनेके ॥ १३ ॥ These sounds are termed Yama.

Yama यम, a term given to doubling of any of the row consonants. Here कुँ , खुँ , गुँ , घुँ have been called the four Yama sounds due to doubling, viz. क्क , ख्ख , ग्ग , घ्घ । Yama is a grammatical term for “its twin letter”.

Where

कुँ = क् , च् , ट् , त् , प् → doubling of first letter of row consonant, च्च ।

खुँ = ख् , छ् , ठ् , थ् , फ् → doubling of second letter of a row consonant, ठ्ठ ।

गुँ = ग् , ज् , ड् , द् , ब् → doubling of third letter of row consonant, द्द ।

घुँ =घ् , झ् , ढ् , ध् , भ् →doubling of fourth letter of row consonant, भ्भ।

Also refer text Rigveda Pratiśakhya, chapter 1

सर्वः शेषो व्यञ्जनान्येव ॥ ६ ॥ तेषामाध्या स्पर्शाः ॥ ७॥ नासिक्य–यम–अनुस्वारान् ॥ ४८॥ अत्र यमोपदेशः ॥ ५० ॥

chapter 6

स्पर्शा यमान्–अन्–अनुनासिकाः स्वान्परेषु स्पर्शेषु अनुनासिकेषु ॥ २९॥

e.g. अग्निः when uttered actually sounds like अग्ग्निः । Doubling of गकार । When a non-nasal row class consonant is followed by a nasal consonant, then this is heard. However it is also mentioned that we never write the Yama letter, i.e. in writing there is only one गकार । So अग्निः is the correct spelling in written text.

स्वरभक्ति ध्वनि

Refer Rigveda Pratiśakhya, chapter 6

यमान् नासिक्या स्वरभक्तिः उत्तरा गार्ग्यस्य ॥ ३६॥

The Svarabhakti sound gets uttered when a रेफा or लकार is followed by a non-nasal row class consonant. This Svarabhakti is the simple vowel इकार । e.g. पल्क्नीरित् when spoken sounds like पलिक्नीरित् । See न ता अंगृभ्रन्नजनिष्ट हि षः पलिक्नीरिद्युवतयो भवन्ति । Rigveda 5.2.4 Similarly परज्मानम् is written as परिज्मानम् ।

See परिज्मानमिव द्यां होतारं चर्षणीनाम् । Rigveda 1.127.2

नासिक्य ध्वनि

हकारात् नणम-परात् नासिक्यम् ॥ १४ ॥ Taittiriya Pratiśakhya of Mahiṣeya, Book 2 Chapter 9. The हकार ह् when followed by nasals न्, ण्, म् gets nasalized! e.g. जाह्नवी Jahnvi is uttered as *Janhvi*! ब्रह्म Brahma is chanted as *Bramha*! Nasikya नासिक्य, a name given to the term हुँ – ह् उँ, to show that उँ is a Tag letter.

अवग्रह = ध्वनि का लोप

Avagraha अवग्रह or प्रश्लेष-चिह्नं is depicted by the symbol ऽ, and is principally to denote the silent अकार । When written twice ऽऽ it denotes that आकार is silent, or not to be uttered.

देहिनोऽस्मिन् यथा देहे कौमारं यौवनं जरा । तथा देहान्तरप्राप्तिः धीरस्तत्र न मुह्यति ॥
Bhagavad Gita 2.13

यथा सर्वगतं सौक्ष्म्यात् आकाशं नोपलिप्यते । सर्वत्रावस्थितो देहे तथाऽऽत्मा नोपलिप्यते ॥ Bhagavad Gita 13.32

By definition, Avagraha अव-ग्रह means that which is differently अव ग्रह understood. The Taittiriya Pratisakhya of Mahiṣeya refers it to be a pause of ½ or 1 unit length, without any letter being uttered.
वर्णस्य विकार-लोपौ । १.५७ । विनाशो लोपः । १.५८ । अथ लोपः । ५.११ ।
अवग्रह इत्येकम् । ५.१८ ।

Recent grammarians have used the ऽ symbol to signify a silent अकार, to avoid loss or change of meaning. शिवोऽहम् । सोऽहम् ।

अव्यय आङ् निपात उपसर्ग

The avyaya आ has two forms

- आ
- आङ् with ङ् being the इत् letter i.e. drops in usage

The shloka defines which is which!

ईषदर्थे कृयायोगे मर्यादाभिविधौ च यः ।

एतमातं ङितं विद्या वाक्यस्मरणयोरङित् ॥ Mahabhashya of Patanjali ॥

The आङ् is not a प्रगृह्यम् so it will cause sandhi to occur. Consider the usages based on the shloka –

Meanings of the avyaya आ in the ङित् form that is not a प्रगृह्यम् and will cause normal sandhi -

1. a little ईषदर्थः eg आ + उष्णम् → ओष्णम् = *a little hot.*

2. as an upasarga क्रियायोगः eg आ + इहि → एहि [ii/1, लोट् of dhatu इण् 2c] = *you please come.*

3. maryada – exclusive limit मर्यादा eg आ + उदकान्तात् → ओदकान्तात् = *upto water's edge.*

4. abhividhi – inclusive limit अभिविधिः eg आ + अहिच्छत्रात् वृष्टः देवः → आहिच्छत्रात् वृष्टः देवः = *gods poured rain in* ahichhatrat (name of a place).

Meanings of the avyaya आ in theअङित् form that is a प्रगृह्यम् and will cause प्रकृति-भावः or prevention of vowel sandhi.

5. representing a previous sentence वाक्यार्थः eg आ + एवं नु मन्यसे ? *Oh! Do you think so?*

6. remembering something स्मरेण eg आ + एवं किल तत् । *Ahh! It is indeed so.*

अष्टाध्यायी सूत्रपाठ 8.2.1 से आखिर तक = त्रिपादी

8.2.1 पूर्वत्र असिद्धम् । This is the famous त्रिपादी section of the Ashtadhyayi, i.e. 8.2, 8.3 and 8.4 the three padas.

The changes to words or letters or affixes or Sandhis by the Rules stated in the following 3 padas of Ashtadhyayi, viz. 8.2, 8.3, 8.4, are not seen by the earlier. We can restate this as – changes done by a sutra in this section goes unnoticed by sutras of the earlier section.

- Work done in this त्रिपादी section of the Ashtadhyayi is as if NOT done when one loops back to the padas 1.1 through to 8.1 end.
- Work done in this त्रिपादी section is NOT seen by any previous Sutra within this त्रिपादी section also.
- This will be noticed only if the program needs to loop back from the end of the Ashtadhyayi in specific cases.

This holds relevance since sometimes we need to loop through the Ashtadhyayi again from the beginning while deriving the final form of a Word or a Sandhi. Whenever this is the case, any changes done in the त्रिपादी section 8.2, 8.3 and 8.4 need to be discarded.

Let us see a Sandhi example to illustrate the programming of the Ashtadhyayi.

इदम् masculine stem = this. अस्मै$^{4/1}$ = for this. उष्ट्रः camel.

Consider the phrase "for this camel" अस्मै उष्ट्रः → 6.1.78 एचोऽयवायावः → अस्माय् उष्ट्रः → 8.3.19 लोपः शाकल्यस्य → अस्मा उष्ट्रः ।

Question, here can we apply guna sandhi by 6.1.87 आद्गुणः ? Notice that यकार got dropped by the sutra 8.3.19, and due to 8.2.1, the sutra 6.1.87 cannot see the change done by 8.3.19 and sees अस्माय् hence no further sandhi.

संधि संबंधित अष्टाध्यायी सूत्रपाठ

1.1.1 वृद्धिरादैच् । Vriddhi letters are आ ऐ औ

1.1.2 अदेङ्गुणः । Guna letters are अ ए ओ

1.1.3 इको गुणवृद्धी । Guna substitution for Final इक् vowel in Dhatu

1.1.4 न धातुलोप आर्धधातुके । But not when root-letter-dropping-आर्धधातुक affix follows

1.1.5 क्ङिति च । And not when कित्-गित्-ङित्-आर्धधातुक affix follows

1.1.7 हलोऽनन्तराः संयोगः । The group of two or more consonants without intervening vowel is named संयोग conjunct consonant.

1.1.8 मुखनासिकावचचनोऽनुनासिकः । Anunasika is that which is spoken simultaneously from Mouth and Nose

1.1.9 तुल्यास्यप्रयत्नं सवर्णम् । Soft Palate etc. Place of Utterance and Effort in Utterance of whose are same are called homogeneous letters or the correct letter for replacement.

1.1.11 ईदूदेद् द्विवचनं प्रगृह्यम् । Definition of Pragrihyam

1.1.12 अदसो मात् । Pragrihyam

1.1.14 निपात एकाजनाङ् । Pragrihyam

1.1.15 ओत् । Pragrihyam

1.1.16 सम्बुद्धौ शाकल्यस्येतावनार्षे । Optional Pragrihyam

1.1.49 षष्ठी स्थानेयोगा । 6th case vibhakti indicates स्थानी

1.1.50 स्थानेऽन्तरतमः । आदेश is that which is closest in homogeneity to स्थानी

1.1.51 उरण् रपरः । Guna letters extension अर् अल्

1.1.52 अलोऽन्त्यस्य । Final letter of स्थानी is the स्थानी

1.1.53 ङिच्च । Extension to स्थानी Letter

1.1.54 आदेः परस्य । Exception to स्थानी Letter

1.1.55 अनेकाल् शित् सर्वस्य । Extension to स्थानी Letter

1.1.60 अदर्शनं लोपः । Invisibility or dropping Definition

1.1.66 तस्मिन्निति निर्दिष्टे पूर्वस्य । 7th case vibhakti indicates स्थानी is the word that is immediately preceding the 7th case word.

1.1.67 तस्मादित्युत्तरस्य । 5th case vibhakti indicates स्थानी is the word that is immediately following the 5th case word.

1.1.69 अण् उदित् सवर्णस्य च अप्रत्यय । Definition of Pratyahara अण् and Definition of उदित्

1.1.70 तपरस्तत्कालस्य । तकार at end of a letter signifies that letter alone in fixed time length in all its variations. अत्=अ,अँ,अं, अ॒ ।

1.2.4 सार्वधातुकम् अपित् । Guna sunstitution overruled for अपित् सार्वधातुक affixes

1.2.27 ऊकालोऽज्झ्रस्वदीर्घप्लुतः । Time Units 1, 2, 3 resp. correspond to ह्रस्व , दीर्घ , प्लुत

1.2.28 अचश्च । Terms ह्रस्व , दीर्घ , प्लुत are applied to Vowels only

1.3.10 यथा संख्यम् अनुदेशः समानम् । Definition of Corresponding and Respectiveness of letters.

1.4.2 विप्रतिषेधे परं कार्यम् । When two succeding Sutras give contradictory results, apply the later Sutra of these.

1.4.10 ह्रस्वं लघु । Definition of लघु letter

1.4.11 संयोगे गुरु । Definition of गुरु letter

1.4.12 दीर्घश्च । Definition of दीर्घ letter

1.4.109 परः संनिकर्षः संहिता । Definition of Sandhi situation

1.4.110 विरामोऽवसानम् । Pause or stop in Speech is named अवसान ।

6.1.72 संहितायाम् । Governing Domain of Sandhi starts

6.1.73 छे च । When तुक् आगमः happens

6.1.77 इको यणचि । इक्+dissimilar vowel gives यण् letter + vowel

6.1.78 एचोऽयवायावः । एच् + अच् gives अय्/अव् + अच्

6.1.84 एकः पूर्वपरयोः । A Single letter replaces both letters facing each other during Sandhi

6.1.87 आद्गुणः । अवर्ण+इक् → both replaced by guna letter

6.1.88 वृद्धिरेचि । अवर्ण+एच् → both replaced by vriddhi letter

6.1.90 आटश्च । Vriddhi of आट् augment, Conjugation process of Past Tense लङ्

6.1.94 एङि पररूपम् । अपदान्त अ+गुण letter, both replaced by गुण letter. An exception to Savarna Dirgha & Vriddhi Sandhis.

6.1.95 ओमाङोश्च । अ followed by ओं(ॐ) dropped. Also अ followed by upasarga particle आ dropped,

6.1.97 अतो गुणे ।

6.1.101 अकः सवर्णे दीर्घः । दीर्घ replaces two same or similar ह्रस्व

6.1.109 एङः पदान्तादति । पदान्त एच्+अ then अ gets elided to ऽ. An exception to अयाव् sandhi

6.1.113 अतो रोर् अप्लुतादप्लुते । अकार रुँ + अकार →अकार उ + अकार

6.1.125 प्लुतप्रगृह्या अचि नित्यम् । Sandhi stopped for प्रगृह्यम् / प्लुत words

6.1.127 इकोऽसवर्णे शाकल्यस्य ह्रस्वश्च । An opinion of ancient grammarian Shakalya who preceded Panini

6.1.128 ऋत्यकः । Another note by grammarian Shakalya

6.4.77 अचि श्नुधातुभ्रुवां य्वोरियङुवङौ । इवर्ण + Vowel gives इय् +Vowel, उवर्ण + Vowel gives उव् + Vowel. An Exception to Yan Sandhi.

7.2.115 अचोञ्णिति । Vriddhi substitution of final अच् vowel

7.2.116 अत उपधायाः । Vriddhi substitution of penultimate अकार vowel.

7.3.84 सार्वधातुकार्धधातुकयोः । Guna Substitution due to dhatu affixes.

7.3.86 पुगन्तलघूपधस्य च । Guna Substitution for penultimate short इक् vowel of Dhatu.

7.4.28 रिङ् शयग्-लिङक्षु । ऋ changes to रि ।

8.2.1 पूर्वत्र असिद्धम् । The famous त्रिपादी section that is invisible to the earlier sutras in the Ashtadhyayi.

8.2.30 चोः कुः । चवर्ग + झल् → कवर्ग + झल् । Also, a Word ending in चवर्ग changes to word ending in कवर्ग ।

8.2.39 झलां जशोऽन्ते । Word ending in झल् changes to ending in जश् ।

8.2.66 ससजुषोः रुँ । Word ending in स् → रुँ ।

8.3.6 पुमः खय्यम् परे । पुम् + खय् + अम् → पु रुँ + खय् + अम् ।

8.3.7 नश्छव्यप्रशान् । Except to प्रशान् , other Final न् + छव् + अम् → Final रुँ + छव् + अम् ।

8.3.19 लोपः शाकल्यस्य । य् लोपः optional after अयाव् Sandhi

8.3.23 मोऽनुस्वारः । Final म्+हल् , makara changes to anusvara

8.3.24 नश्चापदान्तस्य झलि । An internal म्/न् + झल् , Anusvara appears

8.3.32 ङमो ह्रस्वादचि ङमुण्नित्यम् । Doubling of ङम् nasal letter

8.3.34 विसर्जनीयस्य सः । Visarga + खर् → स् + खर् ।

8.3.35 शर्परे विसर्जनीयः । Visarga + खर् + शर् → Visarga does not undergo any change. Exception to 8.3.34 and also to 8.3.37

8.3.36 वा शरि । Visarga + शर् → Visarga is Optional. पक्षे सकार ।

8.3.37 कुप्वोः ᳲक ᳳपौ च । Ardha Visarga i.e. Jihvamuliya or Upadhmaniya appears.

8.3.55 अपदान्तस्य मूर्द्धन्यः । Internal स् to ष् cerebral.

8.3.56 सहेः साडः सः । For the Dhatu षह मर्षणे , we get the rupa सह् by sutra 6.1.64, and its word साड् → cerebral ष् i.e. षाड् ।

8.3.57 इणकोः । Governing Rule that states the following rules apply to conditions having इण् or कवर्ग letter as prior letter.

8.3.58 नुम्विसर्जनीयशर्व्यवाये अपि । स् to ष् , when इण् or कवर्ग preceds the सकार ।

8.3.59 आदेशप्रत्यययोः । when इण् or कवर्ग preceds the सकार of an आदेश or a प्रत्यय , the सकार changes to षकार ।

8.3.60, 8.3.61, 8.3.62 are also extensions to स्→ष् षत्वम्

8.4.1 रषाभ्यां नो णः । णत्वम् सन्धिः , न् changes to ण्

8.4.2 अट्कुप्वाङ्नुम्व्यवायेऽपि । Extensions न् changes to ण्

8.4.37 पदान्तस्य । Final न् does not change to ण् ।

8.4.40 स्तोः 6/1 श्चुना 3/1 श्चुः 1/1 । Change of स्त to श्च ।

8.4.41 ष्टुना ष्टुः । Change of स्त to ष्ट ।

8.4.42 न पदान्तात् टोः अनाम् । An exception to previous.

8.4.43 तोः षि । Exception to ष् + तवर्ग ।

8.4.44 शात् । Exception to श् + तवर्ग ।

8.4.45 यरोऽनुनासिकेऽनुनासिको वा । Final यर् + ञम्→ Final ञम् + ञम् । Optionally.

8.4.53 झलां जश् झशि । झल् + झश् → जश् + झश् ।

8.4.54 अभ्यासे चर् च । In the matter of अभ्यास, the portion of the duplicated letter during applying सन् affix.

8.4.55 खरि च । झल् + खर् →चर् + खर् ।

8.4.56 वाऽवसाने । When झल् letter is the last and ends in a sentence full stop, it becomes चर् ।

8.4.58 अनुस्वारस्य ययि परसवर्णः । Any anusvara (पदान्त or अपदान्त) will be replaced by nasal of the following class consonant

8.4.59 वा पदान्तस्य । When final anusvara is followed by a यय् letter , then the परसवर्ण sandhi is optional

8.4.60 तोर्लि । तवर्ग + ल् → तवर्ग changes to ल् / लँ्

8.4.61 उदः स्थास्तम्भोः पूर्वस्य । Changes to स् of स्था and स्तम्भ ।

8.4.62 झयो होऽन्यतरस्यम् । Optional change to हकार ।

8.4.63 शश्छोऽटि । Optionally श् to छ् ।

8.4.65 झरो झरि सवर्णे । Optonal dropping of a सवर्ण झर् when two of these letters occur.

माहेश्वर सूत्र

माहेश्वराणि सूत्राणि are sounds that are a rearrangement of the Devanagari Alphabet for grammatical use. Listed at the start of the Ashtadhyayi Sutrapatha.

1	अइउण्	All vowels = अच्
2	ऋऌक्	Simple vowels = अक्
3	एओङ्	Diphthongs = एच्
4	ऐऔच्	Semivowels = यण्
5	हयवरट्	All consonants = हल्
6	लँण्	ल्+अँ,No nasal for र्
7	ञमङणनम्	5th of row = Nasals = ञम्
8	झभञ्	4th of row = झष्
9	घढधष्	are all soft consonants
10	जबगडदश्	3rd of row = जश् (soft)
11	खफछठथचटतव्	1st and 2nd of row = खय् are all hard consonants
12	कपय्	
13	शषसर्	Sibilants (hard) = शर्
14	हल्	Aspirate is soft

Consonants have been written with अकार solely for enunciation.

But the लँण् = ल् अँ ण् contains लकार, anunasika Tag अँ, and a consonant Tag ण् ।

माहेश्वर सूत्र स्पष्टीकरण

		The magic		
1	अ इ उ ण्	All vowels = अ च् letters	All vowels	Simple vowels
2	ऋ ऌ क्	Simple vowels = अ क् letters		
3	ए ओ ङ्	Diphthongs = ए च् letters		diphthongs
4	ऐ औ च्	Semivowels = य ण् letters		
5	ह य व र ट्	All consonants = ह ल् letters	All consonants	Aspirate & Semi vowels
6	ल ण्			
7	ञ म ङ ण न म्	5th of row = all Nasals = ञ म् letters		nasals
8	झ भ ञ्	4th of row = झ ष् letters		Maha prana
9	घ ढ ध ष्	= are soft consonants		
10	ज ब ग ड द श्	3rd of row = ज श् letters (soft consonants)		Alpa prana
11	खफछठथचटत व्	1st and 2nd of row = ख य् letters		1st and 2nd of row
12	क प य्	= are hard consonants		
13	श ष स र्	Sibilants are hard consonants = श र् letters		
14	ह ल्	Aspirate is soft consonant		

1	अ इ उ ण्		Guttural, palatal, labial	Simple vowels
2	ऋ ऌ क्		Cerebral, dental	
3	ए ओ ङ्		Gutturo-palatal, gutturo-labial	diphthongs
4	ऐ औ च्		Gutturo-palatal, gutturo-labial	
5	ह य व र ट्		Guttural, dento-labial, dento-labial, dento-labial	Aspirate & अन्तः स्थाः
6	ल ण्		dento-labial - अन्तःस्थाः	
7	ञ म ङ ण न म्		Palatal, labial, guttural, cerebral, dental	nasals
8	झ भ ञ्		Palatal, labial	Maha prana
9	घ ढ ध ष्		Guttural, cerebral, dental	
10	ज ब ग ड द श्		Palatal, labial, guttural, cerebral, dental	Alpa prana
11	ख फ छ ठ थ च ट त व्		Guttural, labial, palatal, cerebral, dental, palatal, cerebral, dental	
12	क प य्		Guttural, labial	
13	श ष स र्		Sibilants – उष्माणः hot	
14	ह ल्		Aspirate – breathe in	

Pratyaharas

SN	Maheshwar Sutras	Pratyaharas	Count
1	अइउण्	अण्	1
2	ऋऌक्	अक् इक् उक्	3
3	एओङ्	एङ्	1
4	ऐऔच्	अच् इच् एच् ऐच्	4
5	हयवरट्	अट्	1
6	लँण्	अण् इण् यण् रँ	3
7	ञमङणनम्	अम् यम् ङम् ञम्	3
8	झभञ्	यञ्	1
9	घढधष्	झष् भष्	2
10	जबगडदश्	अश् हश् वश् झश् जश् बश्	6
11	खफछठथँचटतव्	छव् खँ	1
12	कपय्	यय् मय् झय् खय् चय् जय्	4
13	शषसर्	यर् झर् खर् चर् शर्	5
14	हल्	अल् हल् वल् रल् झल् शल्	6
		Basic Count of Pratyaharas =	41

Extended Count 41 + (3) = 44, with later grammarians = 46

Effort of Uttering various Letters as in Passage of Air through throat glottis and Mouth cavity = बाह्य–प्रयत्न		
	बाह्य–प्रयत्न	
खर्	विवार , श्वास , अघोष	
हश्	संवार , नाद , घोष	
यण्	अल्प–प्राण	
1st, 3rd, 5th of row class	अल्प–प्राण	
शल्	महा–प्राण	
2nd, 4th of row class	महा–प्राण	

Effort of Uttering various Letters as in position of tongue within mouth = आभ्यन्तर–प्रयत्न		
	आभ्यन्तर – प्रयत्न	
जय्	स्पर्श स्पृष्ट	Tongue touches somewhere fully hence called fully Contacted
यण्	ईषत् स्पृष्ट	Tongue touches somewhere partially hence called partially Contacted
शल्	ईषत् विवृत	Tongue leaves partial Opening hence called partially Open
इच्	विवृत	Tongue leaves full Opening hence called Open
अकार अ only	संवृत	Tongue leaves half Opening hence called Half Open

संस्कृत वर्णमाला

संस्कृत वर्णमाला

Sanskrit संस्कृत is written in the देवनागरी Devanagari script, whereas English is written in the Latin (or Roman) script.

अ आ इ ई उ ऊ ऋ ॠ ऌ ॡ   ए ऐ ओ औ   अं अः   ॐ

क	ख	ग	घ	ङ	The Shiva Sounds
च	छ	ज	झ	ञ	
ट	ठ	ड	ढ	ण	The Brahma Sounds
त	थ	द	ध	न	
प	फ	ब	भ	म	The Vishnu Sounds
य र ल व		श ष स		ह	
		ळ	ळ्ह		Vedic Sanskrit
० १ २ ३ ४ ५ ६ ७ ८ ९					Numerals
क्ष ज्ञ श्र					Conjunct letter
Consonants written with the vowel अ for enunciation					

The vowel long ॡ is not found in literature. It is given only in the alphabet, grammar books or in font sets. Hence crossed out.

Conjunct letter संयुक्त अक्षर

क्ष , ज्ञ , श्र are not letters of the alphabet. Rather these are conjuncts that have become popular in writing.

वर्णमाला साधारणतः लिखित

The Sanskrit alphabet is commonly written without a halant. Consonants cannot be uttered without a vowel. So in teaching, each consonant is supplied with the vowel अ , so that it can be uttered. Here are the 56 letters of the classical Sanskrit Alphabet.

20 Vowels

अ आ अ३ इ ई इ३ उ ऊ उ३ ऋ ॠ ऋ३ ऌ ऌ३ ए ऐ ए३ ओ औ ओ३

34 Consonants

क	ख	ग	घ	ङ
च	छ	ज	झ	ञ
ट	ठ	ड	ढ	ण
त	थ	द	ध	न
प	फ	ब	भ	म

य र ल व

श ष स ह

ळ

2 Ayogavahas

अं अः

संस्कृत अक्षरों का सही उच्चारण

उच्चारणम्

अ son	आ father	इ it	ई beat	उ full	ऊ pool
ऋ rhythm	ॠ marine	ऌ revelry	ॡ		
ए play	ऐ aisle	ओ go	औ loud		

अं Anusvara is pure nasal – close the lips – simila to म्

अः Visarga is Breath release like ह् and preceding vowel sound

E.g. pronounce नमः as नमह , शान्तिः as शान्तिहि , विष्णुः as विष्णुहु ।

क seeK	ख Khan	ग Get	घ loGHut	ङ sing
च Chunk	छ catchhim	ज Jump	झ heDGEhog	ञ bunch
ट True	ठ anTHill	ड Drum	ढ goDHead	ण under
त Tamil	थ Thunder	द That	ध breaTHE	न nut
प Put	फ Fruit	ब Bin	भ abhor	म much
य loYal	र Red	ल Luck	व Vase	
श Sure	ष Shun	स So	Hum ह	

Conjuncts in general – first utter the top part and then the bottom one, e.g. Bhagavad Gita 10.16 तिष्ठसि→ष्ठ ,

Bhagavad Gita 10.23 शङ्करश्चास्मि → ङ्क , श् च

Specific Conjuncts

ह् ण = ह्ण , ह् न = ह्न , ह् म = ह्म

Utter with emphasis on the chest, first the nasal and then the aspiration, e.g. Brahma = ब्रह्म *Pronounce as **Bramha***

उच्चारण स्थान तथा प्रयत्न

Place of speech	Vowels स्वर		Row Consonantsव्यञ्जन Alpaprana Mahaprana					Semi vowel	Sibilant
	Short	Long	1st	2nd	3rd	4th	5th		
कण्ठ	अ	आ	क	ख	ग	घ	ङ		ह
तालु	इ	ई	च	छ	ज	झ	ञ	य	श
मूर्धा	ऋ	ॠ	ट	ठ	ड	ढ	ण	र	ष
दन्त	ऌ		त	थ	द	ध	न	ल	स
ओष्ठ	उ	ऊ	प	फ	ब	भ	म		
Consonants are supplied with vowel अ to aid enunciation									

कण्ठ - तालु	ए ऐ	Diphthongs have twin places of utterance, being compound vowels
कण्ठ - ओष्ठ	ओ औ	
दन्त - ओष्ठ	व	The vakara is different from the other semivowels as it has twin places of utterance
नासिक्य	ं , अं	Anusvara is a pure Nasal
अनुनासिका	ँ , ॐ , यँ्	Candrabindu means Nasalization

कण्ठ Soft, Mahaprana	ह	Hakara is an Aspirate. It is sounded like a soft release of breath
	◌ः	Visarga is an Aspirate. It is sounded like ह along with its preceding vowel
Ardha Visarga ◌ः is also written as ᳲ		
Base of tongue Hard, Alpaprana	◌ः or ᳲ	Jihvamuliya pronounce as ह् (a visarga preceding क , ख)
ओष्ठ Hard, Alpaprana	◌ः or ᳲ	Upadhmaniya pronounce as फ् (a visarga preceding प , फ)

कण्ठ्यGuttural or Velar	तालव्य Palatal	मूर्धन्यCerebral or Retroflex or Lingual	दन्त्य Dental	ओष्ठ्य Labial

All vowels and semi vowels are termed voiced घोष वर्ण । This means that a background sound is produced from the tremor in the vocal cords in addition to the active sound produced in speaking. The 3rd, 4th and 5th letters of the row class consonants are also घोष वर्ण ।

The 1st and 2nd letters of the row class consonants, the sibilants and the aspirate are termed अघोष वर्ण । This means that no background sound arises from the tremor in the vocal cords.

All row consonants are termed स्पर्शवर्ण Tongue makes contact

- The unit of time for enunciation is a short vowel, having 1 matra.
- The long vowels and diphthongs have 2 matras.
- A consonant has only ½ matra and it is supplied with a vowel for proper enunciation.

VOWELS स्वर

    Long Vowels are sounded twice as long as the short vowels.

    DIPHTHONGS सन्ध्यक्षर (सन्धि – अक्षर) Are combinations of two vowels and are sounded long.

GUTTURALS कण्ठ्य (also known as VELAR)

    Sounded from the throat with the tongue resting.

PALATALS तालव्य (soft palate)

    Sounded with the tongue raised slightly.

CEREBRALS मूर्धन्य (also RETROFLEX or LINGUAL, hard palate)

    Sounded with the tongue touching the roof of the mouth.

DENTALS दन्त्य

    Sounded with the tongue distinctly touching the teeth.

LABIALS ओष्ठ्य

    Sounded with the lips distinctly touching each other.

मुख तथा जिह्वा स्थिति – तदनुसार अक्षर

Aside ङ and ञ

Pronounce ङ by pinching your nose and uttering

Pronounce ञ with a smile

Image Source: A Practical Sanskrit Introductory by Charles Wikner

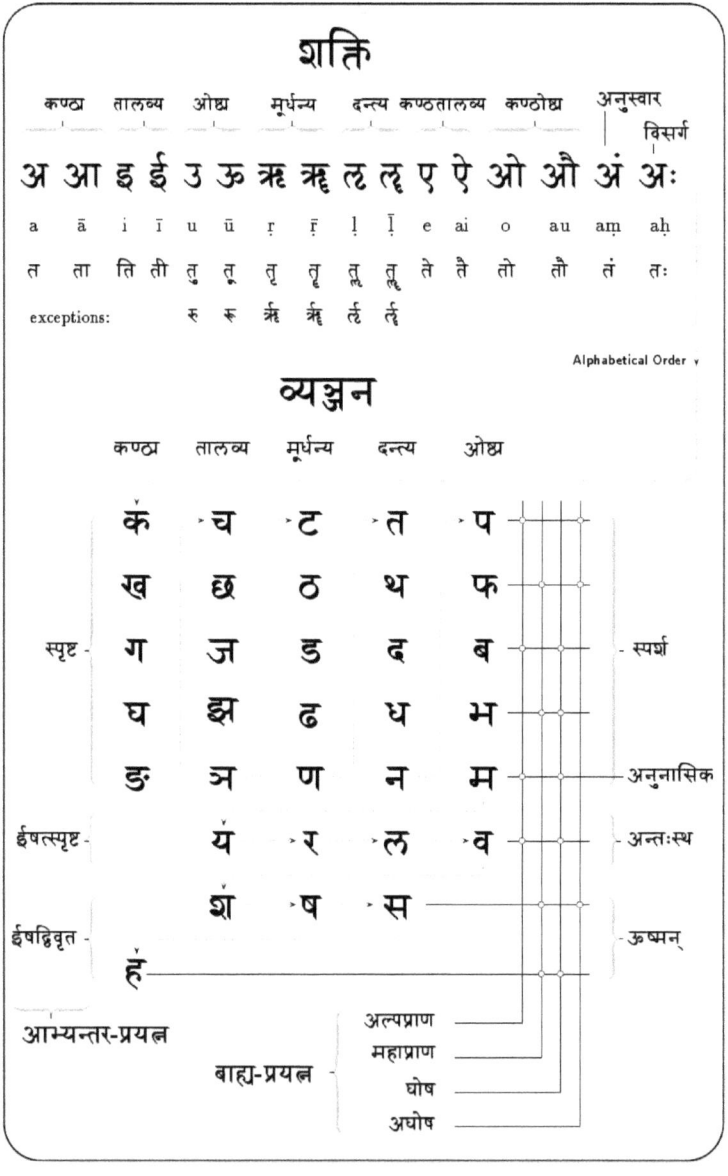

Vowels स्वराः – ह्रस्वः Short, दीर्घः Long									
कण्ठः		तालव्य		ओष्ठः		मूर्धन्य		दन्त्य	
अ	आ	इ	ई	उ	ऊ	ऋ	ॠ	ऌ	
				अयोगवाह					
स्वराः Diphthongs				Anusvara		Visarga		Ardha	Candrabindu
कण्ठ–तालव्य		कण्ठ–ओष्ठः		नासिक्य nasal		कण्ठः , महाप्राण		कण्ठः , अल्पप्राण	Mouth and Nose
ए	ऐ	ओ	औ	अं	◌ं	अः	◌ः	×	अँ
Consonants व्यञ्जनानि									
कण्ठः		तालव्य		ओष्ठः		मूर्धन्य		दन्त्य	
क		च		प		ट		त	अल्पप्राण
ख		छ		फ		ठ		थ	महाप्राण
ग		ज		ब		ड		द	अल्पप्राण
घ		झ		भ		ढ		ध	महाप्राण
व्यञ्जनम् अनुनासिक अल्पप्राण Mouth and Nose Consonant Alpaprana									
कण्ठः		तालव्य		ओष्ठः		मूर्धन्य		दन्त्य	
ङ		ञ		म		ण		न	
व्यञ्जनम् अन्तःस्थ Semi Vowel									
		तालव्य		दन्त–ओष्ठः		मूर्धन्य		दन्त्य	
		य		व		र		ल	
व्यञ्जनम् ऊष्मन् Sibilant (Hot Hissing)									
		तालव्य				मूर्धन्य		दन्त्य	
		श				ष		स	
व्यञ्जनम् ऊष्मन् Aspirate									
कण्ठः									
ह									

Consonants with Place of Enunciation in Mouth/Nose, Aspiration Quality Low/High, Stress Level, Effort Type Inner/Outer, Throat Opening Open/Close. SC = Soft Consonant = घोष Voiced, HC = Hard Consonant = अघोष Unvoiced.

व्यञ्जन	उच्चारण स्थान										
	कण्ठ	तालु	मूर्धा	दन्त	ओष्ठ						
						बाह्य प्रयत्न			आभ्यन्तर प्रयत्न		
						अल्प-प्राण	महा-प्राण	घोष SC	अघोष HC	स्पर्श, स्पृष्ट	ईषत् स्पृष्ट	ईषत् विवृत
स्पर्श, स्पृष्ट	क	च	ट	त	प	X			X	X	
	ख	छ	ठ	थ	फ		X		X	X	
	ग	ज	ड	द	ब	X		X		X	
	घ	झ	ढ	ध	भ		X	X		X	
अनुनासिक	ङ	ञ	ण	न	म	X		X		X	
अन्तःस्थ		य	र	ल	व	X		X			X
ऊष्मन्		श	ष	श			X				X
ऊष्मन्	ह						X	X			X
Vedic			ळ			X			X	X	

Note – Place for वकार is supposed to be दन्त-ओष्ठ

पाणिनीय शिक्षा – उच्चारण विज्ञान

Sanskrit is a language that was orally passed on from generation to generation. There are many sections in the Vedas and later texts that tell about the letters of the alphabet and their proper intonation, enunciation and phonetics शिक्षा ।

Taittiriya Upanishad Shiksha Valli
शीक्षां व्याख्यास्यामः । वर्णः स्वरः । मात्रा बलम् । साम सन्तानः ।
इत्युक्तः शीक्षाध्यायः ॥ १.२(Chapter 1 Anuvaka 2)

Taittiriya Pratisakhya तैत्तिरीय प्रातिशाख्य
अथ वर्णसमाम्नायः ॥ १॥(Chapter 1)
स्वराः स्पर्शात् तथा अन्तःस्था ऊष्माणः च अथ दर्शिताः ।
विसर्ग_अनुस्वार_ळाः च नासिक्याः पञ्च च उदिताः ॥

Paniniya Shiksha पाणिनीय शिक्षा लघु पाठः / वृद्ध पाठः
आकाशवायुप्रभवः शरीरात् समुच्चरन् वक्त्रमुपैति नादः । १.१

Paniniya Shiksha पाणिनीय शिक्षा श्लोकात्मिका
अथ शिक्षां प्रवक्ष्यामि पाणिनीयं मतं यथा । १.१

The Rigved Pratisakhya ऋग्वेदप्रातिशाख्य and Vajasneyi Pratisakhya वाजसनेयी प्रातिशाख्य are also notable texts on शिक्षा ।

Utter each letter clearly and distinctly, with proper position of the tongue in the mouth. This is the aim of the Shiksha texts. It will take some time to practise and getting used to the correct method of reading a Sanskrit letter and text. However it is most rewarding, as our anatomy, bones and muscles are all connected to sound, the key aspect of the fundamental element space.

The Alphabet is composed of letters called वर्ण or अक्षर ।

Letters are of two types, स्वराः व्यञ्जनानि च । Vowels and Consonants.

Vowel	स्वर	स्वयं राजन्ते इति स्वराः ।	Spoken unaided
Consonant	व्यञ्जन	अन्वक् भवति व्यञ्जनम् ।	Cannot be uttered unaided
Row class consonant	क् to ङ् च् to ञ् ट् to ण् त् to न् प् to म्	कवर्ग – कण्ठ–स्थान चवर्ग – तालु–स्थान टवर्ग –मूर्धा–स्थान तवर्ग –दन्त–स्थान पवर्ग – ओष्ठ–स्थान	
Alternate Name for row class consonant	उदित् = कु, चु, टु, तु, पु		
Names for Letters. Pointing out a specific Letter	वर्णात्–कारः	e.g. अ is called अकार , क is called ककार ,etc.	However the र् has a special name रेफ repha
Contacted consonant	स्पर्श	कादयः आ म्–अवसानाः स्पर्शाः ।	From क् till म् are Contacted

Semivowel consonant	अन्तःस्थ	यणः अन्तःस्थाः ।	Pratyahara **यण्** gives semivowels
Hot Consonant	ऊष्म	शलः ऊष्माणः ।	Pratyahara **शल्** gives sibilants and **हकार**
Ayogavaha Letters	अयोगवाह	अनुस्वार, विसर्ग, जिह्वामूलीय, उपध्मानीय	Cannot exist without other letters
Anusvara	अनुस्वार	अं , अः इति अचः परे अनुस्वार–विसर्गौ ।	After vowels, the अं and अः
Visarga	विसर्ग		
Jihvamuliya	जिह्वामूलीय	ᳵक , ᳵख इति कखाभ्यां प्राक् अर्ध–विसर्गः सः जिव्हामूलीय	Visarga before **क् , ख्** is ArdhaVisarga known as **जिव्हामूलीय**
Upadhmaniya	उपध्मानीय	ᳶप , ᳶफ इति पफाभ्यां प्राक् अर्ध–विसर्गः सः उपध्मानीय	Visarga before **प , फ** is ArdhaVisarga known as **उपध्मानीय**
Sequence of letters in a word	आनुपूर्वी	e.g. राम = र् आ म अ ।	Very necessary to split words into letters to correctly apply Sandhi rules.

Latin Transliteration Chart

International Alphabet of Sanskrit Transliteration (I.A.S.T.)

a	ā	i	ī	u	ū	ṛ	ṝ	ḷ	
अ	आ	इ	ई	उ	ऊ	ऋ	ॠ	ऌ	
						ृ	ॄ	ॢ	
e	ai	o	au	ṃ	m̐	ḥ	Ardha Visarga	oṃ	
ए	ऐ	ओ	औ	ं	ँ	ः	ᳲ	ॐ	
Consonants are shown with vowel 'a= अ' for uttering									
ka	क	ca	च	ṭa	ट	ta	त	pa	प
kha	ख	cha	छ	ṭha	ठ	tha	थ	pha	फ
ga	ग	ja	ज	ḍa	ड	da	द	ba	ब
gha	घ	jha	झ	ḍha	ढ	dha	ध	bha	भ
ṅa	ङ	ña	ञ	ṇa	ण	na	न	ma	म
ya	ra	la	va		ḷa	'			
य	र	ल	व		ळ	ऽ			
					Consonant only				
śa	ṣa	sa	ha		ka	क्अ = क			
श	ष	स	ह		k	क्			

ग्रन्थसूची

Author	Title	Ed	Year	Publisher
William D. Whitney	The Taittiriya Pratiśakhya	1st	1868 Reprint 1973	Motilal Banarsidass, Delhi
Venkatarama Sharma	माहिषेयकृत तैत्तिरीयप्रातिशाख्यम्	1st	1930	University of Madras, Madras
Venkatarama Sharma	वाजसनेयिप्रातिशाख्यम् कात्यायनप्रणीतम्	1st	1934	University of Madras, Madras
Mangal Deva Shastri	Rgveda Pratiśakhya of Uvata - Vol III	1st	1937	Moti Lal Banarsi Das, Benares
Virendra Kumar Verma	ऋग्वेद प्रातिशाख्यम् Hindi Tika	1st	Reprint	Chaukhamba Sanskrit Pratishthan, Delhi
Ram Prasad Tripathi	शिक्षा संग्रहः	1st	1989	Sampurnanand Sanskrit University, Varanasi
Mahabaleshwar Bhatt	सन्धिः	1st	2010	Samskrita Bharati, Bangalore
Pushpa Dikshit	अष्टाध्यायीसूत्रपाठः	1st	2010	Samskrita Bharati, New Delhi
Brahmadutt Jignasu	अष्टाध्यायी–भाष्य– प्रथमावृत्ति Vol 1-3	7th	2013	Ramlal Kapoor Trust, Sonipat
Satyanand Ved Vagish	पाणिनीय – त्रिपाठी	1st	2014	Satyanand Ved Vagish, Gandhidham
Govindacharya, Lakshmi Sharma	वैयाकरणसिद्धान्तकौमुदी Vol I	1st	2016	Chaukhamba Surbharati Prakashan, Varanasi
Manaswini Sarangi	Gleanings from The Ancient Indian Phonetics	1st	2016	Chaukhamba Sanskrit Pratishthan, New Delhi
Medha Michika	Enjoyable Sanskrit Grammar Vol 2 Phonetics and Sandhi	1st	2017	Arsha Vidya Gurukulam, Anaikatti
Pushpa Dikshit	शीघ्रबोध – व्याकरणम्	2nd	2017	Pratibha Prakashan, New Delhi
Ashwini Kumar Aggarwal	Dhatupatha of Panini	2nd	2017	Devotees of Sri Sri Ravi Shankar Ashram, Punjab
	The Sanskrit Alphabet	1st	2017	
	Maheshwar Sutras Pratyaharas	1st	2018	

| | Ashtadhyayi of Panini Complete | 1st | 2018 | |

Online Links

https://sanskritdocuments.org/learning_tutorial_wikner/

http://www.sanskritweb.net/yajurveda/

Audio Chants

https://www.youtube.com/watch?v=Da1y4Olmmys Shukla Yajurveda Rudri
https://www.youtube.com/watch?v=QjsO4UVwsow Krishna Yajurveda Rudram

भरतवाक्य

The study of Sanskrit grammar is a rewarding experience and it is amply enriched by a good working knowledge of Sandhi. Sandhi is the veritable backbone for both Speech and Semantics in Sanskrit, especially in the powerful chantings of mantras during pujas.

सर्वे भवन्तु सुखिनः । सर्वे सन्तु निरामयाः ।
सर्वे भद्राणि पश्यन्तु । मा कश्चिद् दुःख भाग्भवेत् ॥
ॐ शान्तिः शान्तिः शान्तिः ॥

When faith has blossomed in life, Every step is led by the Divine.

Sri Sri Ravi Shankar

Om Namah Shivaya

जय गुरुदेव

www.ingramcontent.com/pod-product-compliance
Lightning Source LLC
LaVergne TN
LVHW021222080526
838199LV00089B/5789
* 9 7 8 9 3 9 2 2 0 1 0 5 9 *